W9-CHY-069

Możesz uzdrowić swoje życie

Louise L. Hay

Możesz uzdrowić
swoje życie

przekład:
Teresa Kruszewska
Paulina Remiszewska-Drążkiewicz

Wydawnictwo MEDIUM

Tytuł oryginału: YOU CAN HEAL YOUR LIFE

Projekt okładki i układ graficzny
według wydania oryginalnego.

Skład i łamanie: Ms Studio s.c.
        tel./ fax (022) 632-73-69

Wydawnictwo MEDIUM
Holding Medium Sp. z o.o.
05-510 Konstancin-Jeziorna,
Osiedle Czarnów 172/2
tel. (0-22) 754-62-16; fax 754-71-69
internet: http://www.medium.com.pl
e-mail: sekretariat@medium.com.pl

Dział handlowy, dystrybucja:
Grupa A5 Sp. z o.o.
90-353 Łódź, ul. Kilińskiego 169 A
tel. (0-42) 674-77-69, faks (0-42) 674-37-95

Księgarnia wysyłkowa:
„ESSE" Sp. z o.o.
90-353 Łódź,ul. Kilińskiego 169 A
tel. (0-42) 674-77-69, faks (0-42) 674-37-95
internet: http://www.dobreksiazki.pl

ISBN: 83-86755-60-1

Dedykacja

Gorąco pragnę, aby ta książka pomogła Czytelnikowi znaleźć to miejsce wewnątrz siebie, gdzie poznaje się własną wartość i tę stronę siebie, która jest czystą miłością i akceptacją własnej osoby.

Podziękowanie

Z radością i przyjemnością wyrażam podziękowanie:

Moim studentom i pacjentom, którzy tak wiele mnie nauczyli i zachęcili do przelania na papier moich idei.

Julii Webster za opiekę i poparcie we wczesnym stadium pracy nad książką.

Dave'owi Braunowi, który nauczył mnie tak wiele podczas procesu wydawniczego.

Charliemu Gehrke'owi za pomoc w tworzeniu naszego Nowego Centrum oraz zapewnienie mi wsparcia i niezbędnego czasu, aby wykonać tę twórczą pracę.

Spis treści

Część 3

JAK WPROWADZIĆ TE IDEE W ŻYCIE

Część 4

Przedmowa

Gdybym miał być zesłany na bezludną wyspę i mógł zabrać ze sobą tylko jedną książkę, wybrałbym z pewnością książkę Louisy L. Hay *Możesz uzdrowić swoje życie.* Jest ona nie tylko kwintesencją poglądów znakomitej nauczycielki, ale również tchnącym wielką siłą przekonywania wyznaniem wspaniałej kobiety.

W tej cudownej książce Louise dzieli się z nami szczegółami swojej drogi życiowej, która doprowadziła ją na dzisiejsze miejsce. Podziw i współczucie wywołała we mnie historia jej życia – może zbyt krótko przedstawiona, lecz to już chyba materiał na następną książkę.

Moim zdaniem jest tu wszystko. Wszystko, co trzeba wiedzieć o życiu, lekcjach, jakich nam ono udziela, i o tym, jak pracować nad sobą. Książka zawiera również zestawiony przez autorkę wykaz psychicznych wzorców myślowych, będących przypuszczalnie przyczyną poszczególnych chorób, który – jeśli chodzi o moje doświadczenia – jest czymś naprawdę wyjątkowym i godnym uwagi. Człowiek, który na bezludnej wyspie znalazłby zakorkowaną butelkę z rękopisem tej książki, dowiedziałby się, jak należy pokierować swym życiem, by mógł uznać je za spełnione.

Bezludna wyspa czy też nie, jeśli znaleźliście drogę do Louisy Hay, być może nawet przypadkowo, jesteście na dobrej drodze. Książka Louisy, nagrane przez nią znakomite terapeutyczne kasety magnetofonowe oraz jej wspaniałe warsztaty są cudownymi darami dla zmagających się z życiem ludzi.

Do spotkania Louisy i wykorzystania jej koncepcji terapeutycznych doprowadziło mnie zaangażowanie w pracę z ludźmi chorymi na AIDS. Każdy z moich pacjentów, któremu przedstawiłem nagraną przez Louisę taśmę „Pozytywne podejście do AIDS", przyjmował natychmiast jej przesłanie, a dla wielu osób słuchanie nagrań stało się codziennym rytuałem. Jeden z mężczyzn, Andrew, powiedział mi: „Kładę się spać z Louisą i dla niej budzę się każdego dnia".

Moje uznanie i miłość do Louisy rosły w miarę upływu czasu i obserwowania ukochanych przeze mnie pacjentów cierpiących na AIDS i umierających w spokoju i spełnieniu – przepełnionych miłością i wybaczających sobie i innym – właśnie dzięki obecności Louisy w ich życiu. Umierali w spokojnym poczuciu godności wynikającej z tego pouczającego doświadczenia.

Zostałem obdarowany przez życie wieloma znakomitymi nauczycielami. Jestem pewien, że niektórzy z nich byli świętymi, być może nawet awatarami. Louise zaś jest wielką nauczycielką, z którą można porozmawiać i być razem, ponieważ posiada ogromną umiejętność słuchania i tworzenia atmosfery bezwarunkowej miłości, nawet gdy uczestniczy się wraz z nią w przygotowywaniu posiłków. (W podobnej atmosferze inny wielki – moim zdaniem – nauczyciel przyrządza wspaniałą sałatkę kartoflaną). Louise uczy przez przykład i żyje zgodnie z głoszonymi zasadami.

Czuję się wielce zaszczycony mogąc zaprosić Państwa do uczynienia tej książki książką Waszego życia. Państwo i ta książka jesteście tego warci!

Dave Braun

VENTURES IN SELF-FULFILMENT
DANA POINT, KALIFORNIA
Wrzesień 1984

Część 1

WPROWADZENIE

Wskazówki dla czytelników

Napisałam tę książkę, aby podzielić się z Wami, drodzy Czytelnicy, swoją wiedzą i tym, czego uczę. Moja mała niebieska książeczka *ULECZ SWOJE CIAŁO* została powszechnie uznana za miarodajne opracowanie na temat wzorców psychicznych, które są przyczyną chorób ciała.

Otrzymywałam od Czytelników setki listów z prośbami o dokładniejsze informacje. Wiele osób, z którymi pracowałam indywidualnie lub podczas warsztatów w Ameryce i poza jej granicami, prosiło, abym znalazła czas na napisanie tej książki.

Ułożyłam ją w formie zbliżonej do prywatnej sesji, tak jakby ktoś przyszedł do mnie jako indywidualny pacjent lub brał udział w jednym z moich warsztatów.

Jeżeli podejmiecie się wykonywania ćwiczeń stopniowo, krok po kroku – tak jak są one przedstawione w książce, spostrzeżecie istotne zmiany w swoim życiu, zanim jeszcze dotrzecie do końca.

Proponuję, abyście najpierw przeczytali całą książkę. Potem jeszcze raz, lecz już bez pośpiechu, starając się wykonywać każde ćwiczenie możliwie najdokładniej. Nie spieszcie się, pracując nad poszczególnymi ćwiczeniami.

Jeśli jest to możliwe, ćwiczcie w towarzystwie przyjaciela lub bliskiego członka rodziny.

Każdy rozdział rozpoczyna się od afirmacji. Każda z nich nadaje się do zastosowania, gdy rozpoczynacie pracę nad konkretną dziedziną życia. Poświęćcie dwa lub trzy dni na przestudiowanie i przemyślenie każdego rozdziału. Powtarzajcie i piszcie afirmację otwierającą każdy rozdział.

Każdy rozdział kończy się krótkim tekstem ugruntowującym przerobiony w nim materiał. Jest w nim zawarty ciąg pozytywnych myśli, których celem jest zmiana świadomości. Przeczytajcie ten tekst wielokrotnie w ciągu dnia.

Na zakończenie książki przedstawiam historię mojego życia. Sądzę, iż ta opowieść udowodni, że nie ma specjalnego znaczenia, skąd jesteśmy ani też jak nisko upadliśmy, ponieważ zawsze możemy całkowicie zmienić na lepsze swoje życie.

Wiedzcie, że podczas naszej pracy jestem zawsze duchowo z Wami.

Kilka tez mojej filozofii

Każdy z nas jest w stu procentach odpowiedzialny za wszystko, co go w życiu spotyka.

Każda powstała w nas myśl tworzy naszą przyszłość.

Moc objawia się zawsze w chwili obecnej.

Niechęć do samego siebie i poczucie winy jest dla każdego źródłem cierpienia.

Podstawowym ograniczeniem dla każdego jest poczucie: „nie jestem dość dobry".

Myśl jest tylko myślą i zawsze można ją zmienić.

Najbardziej destruktywnymi wzorcami zakorzenionymi w psychice są: żywienie urazy, autokrytycyzm i poczucie winy.

Wyzbycie się poczucia urazy może spowodować nawet zniknięcie raka.

Jeśli rzeczywiście kochamy siebie, wszystko nam się udaje.

Musimy uwolnić się od przeszłości i wybaczyć każdemu.

Musimy być gotowi, aby zacząć uczyć się miłości do siebie.

Kluczem do pozytywnych zmian jest obecna samoakceptacja.

My sami tworzymy tak zwane choroby naszego ciała.

W bezkresie życia, w którym jestem,
wszystko jest doskonałe, całkowite i pełne,
a mimo to życie ciągle się zmienia.
Nie ma początku i końca, tylko ciągły proces
przemian rzeczywistości i doświadczeń.
Życie nie zatrzymuje się, nie zużywa,
w każdej chwili jest zawsze nowe i świeże.
Jestem jednością z Potęgą, która mnie stworzyła,
i ta Potęga dała mi moc tworzenia siebie.
Cieszę się wiedząc, że posiadam moc umysłu,
której mogę dowolnie używać.
Każda chwila w życiu jest nowym punktem wyjścia,
umożliwiającym odejście od tego, co stare.
Właśnie ta chwila, tu i teraz, jest dla mnie
nowym punktem wyjścia.
W moim świecie wszystko jest dobre.

 *Rozdział I*

W co wierzę

„Bramy wiedzy i mądrości
są zawsze otwarte".

Życie jest naprawdę bardzo proste. Otrzymujemy to, co dajemy.

To, co myślimy o sobie, staje się dla nas prawdą. Jestem przekonana, że każdy, ze mną włącznie, jest całkowicie odpowiedzialny za wszystko w swoim życiu, tak najlepsze, jak i najgorsze. Każda powstała w nas myśl tworzy naszą przyszłość. Każdy z nas tworzy swoje doświadczenia dzięki własnym myślom i uczuciom. Myśli i wypowiedziane słowa kreują nasz los.

Sami tworzymy pewne sytuacje, a potem negujemy naszą moc, obwiniając za własną frustrację innych ludzi. Nie ma osoby, miejsca lub rzeczy, które miałyby władzę nad nami, ponieważ tylko MY tworzymy myśli w naszym umyśle. Tworzymy nasze doświadczenia, naszą rzeczywistość i wszystko, co się z tym wiąże. Jeśli w naszych umysłach stworzymy pokój, harmonię i równowagę, znajdziemy je również w życiu.

Które z tych stwierdzeń jest typowe dla was?

„Ludzie zawsze się mnie czepiają".

„Wszyscy są zawsze pomocni".

Każde z tych przekonań będzie tworzyć całkowicie odmienne doświadczenia.

To, co sądzimy o sobie i życiu, staje się dla nas prawdą.

Wszechświat zawsze wspiera każdą myśl, którą zechcemy pomyśleć i w którą zechcemy uwierzyć.

Mówiąc inaczej, nasza podświadomość akceptuje wszystko, co wybierzemy budując nasze przekonania. To znaczy, że to, w co wierzę myśląc o sobie i życiu, staje się dla mnie prawdą. Wybrane przez ciebie myśli o sobie i życiu stają się prawdą dla ciebie. Nie jesteśmy niczym ograniczeni w naszym myśleniu. Skoro już to wiemy, całkiem sensowny staje się wybór stwierdzenia: „Wszyscy są zawsze pomocni", zamiast: „Ludzie zawsze się mnie czepiają".

Wszechobecna Moc nigdy nas nie osądza ani nie krytykuje.

Ona nas akceptuje takimi, jakimi jesteśmy, sprawiając, że żywione przez nas przekonania odzwierciedlają się w naszym życiu. Jeśli chcę sądzić, że życie jest puste i nikt mnie nie kocha, na pewno potwierdzi się to w moim życiu. Ale jeśli zechcę odrzucić to przekonanie i powiem sobie: „Miłość jest wszędzie, kocham i jestem godny miłości", będę trwał przy tej myśli i powtarzał ją wielokrotnie, to stanie się ona dla mnie prawdą. I oto kochający ludzie pojawią się w moim życiu; ci, którzy już w nim są, będą dla mnie jeszcze milsi, a i mnie przyjdzie łatwo wyrażać pozytywne uczucia wobec innych.

Większość z nas ma nierozsądne wyobrażenie o tym, kim jesteśmy, i bardzo wiele sztywnych zasad określających, jak żyć.

Nie chodzi o to, by siebie potępiać, bo każdy z nas stara się najlepiej, jak może w danej chwili. Gdybyśmy lepiej wiedzieli, lepiej rozumieli i byli bardziej świadomi, prawdopodobnie postępowalibyśmy inaczej. Proszę, nie popadajcie w depresję dlatego, że jesteście tacy, jacy jesteście. Już sam fakt, że znaleźliście tę książkę i odkryliście mnie, znaczy, że chcecie dokonać korzystnej zmiany w życiu.

Utwierdźcie się w tym pragnieniu. „Mężczyźni nie płaczą", „Kobiety nie potrafią zajmować się pieniędzmi". Cóż za ograniczające przekonania, z którymi przyszło nam żyć!

Kiedy jesteśmy mali, uczymy się stosunku do siebie i do życia obserwując dorosłych wokół nas.

W ten sposób uczymy się, co myśleć o nas samych i naszym świecie. Zatem, jeśli przebywamy w otoczeniu ludzi bardzo nieszczęśliwych, przerażonych, pełnych poczucia winy lub złości, uczymy się wielu negatywnych rzeczy o sobie i otaczającym nas świecie. „Nigdy niczego nie robię dobrze". „To moja wina". „Jeśli się złoszczę, jestem złym człowiekiem". Takie przekonania tworzą życie pełne frustracji.

Kiedy dorastamy, mamy tendencję do odtwarzania emocjonalnego klimatu domu naszego dzieciństwa.

Nie jest to ani dobre, ani złe, prawidłowe czy niewłaściwe; to jest klimat, w którym czujemy się „u siebie". Mamy również tendencję do odtwarzania w naszych osobistych związkach tych samych modeli stosunków, jakie łączyły nas z matką czy ojcem, lub też ich wzajemnych relacji. Zastanówcie się, jak często stwierdzaliście, że wasz partner czy szef był „taki jak" wasza matka lub ojciec.

Sami też traktujemy siebie podobnie jak traktowali nas rodzice. Narzekamy i karzemy się w ten sam sposób. Jeśli się wsłuchasz, możesz niemalże usłyszeć te same słowa. Kochamy i zachęcamy siebie w ten sam sposób, w jaki nas kochano i dopingowano, kiedy byliśmy dziećmi.

„Ty nigdy nie robisz niczego prawidłowo". „To wszystko twoja wina". Jak często mówiliście do siebie w ten sposób?

„Jesteś cudowny". „Kocham cię". Jak często to sobie powtarzacie?

Mimo wszystko nie winiłabym za to naszych rodziców.

Wszyscy jesteśmy ofiarami ofiar, które prawdopodobnie przekazały nam całą swoją wiedzę. Jeśli wasza matka lub ojciec nie wiedzieli, jak kochać siebie, nie mogli nauczyć was tej miłości. Mogli was nauczyć tylko tego, co sami otrzymali w dzieciństwie. Jeśli chcecie lepiej zrozumieć swoich rodziców, poproście ich, aby opowiedzieli wam o swoim dzieciństwie. Jeśli posłuchacie ich uważnie, dowiecie się, skąd wzięły się ich własne lęki i sztywne reguły postępowania. Ci ludzie, którzy obarczyli was tym całym „bagażem", byli tak samo przerażeni i zalęknieni jak wy.

Sądzę, że to my wybieramy sobie rodziców.

Każdy z nas decyduje o inkarnacji na tej planecie w szczególnym miejscu i czasie. Dokonaliśmy wyboru przyjścia tu, aby otrzymać szczególną lekcję. Lekcję, która poprowadzi nas duchową i ewolucyjną ścieżką. Wybieramy sobie płeć, barwę skóry, kraj i rozglądamy się za określonego typu rodzicami. Oni będą odzwierciedleniem wzorca, nad którym będziemy pracować całe życie. A potem, kiedy już dorośniemy, wskazujemy oskarżająco na rodziców i płaczliwie stwierdzamy: „To ty mi to zrobiłeś". Ale tak naprawdę, to my ich wybraliśmy, ponieważ znakomicie nadawali się do tego, nad czym chcieliśmy pracować i co przezwyciężać.

Nasz system przekonań kształtuje się we wczesnym dzieciństwie, a potem idziemy przez życie tworząc doświadczenia tak, by do nich pasowały. Spójrzcie w przeszłość, a z pewnością dostrzeżecie, jak często powtarzało się w waszym życiu to samo doświadczenie. Sądzę, że tworzyliście te doświadczenia tyle razy, ponieważ odzwierciedlały wasze wyobrażenia o sobie. W gruncie rzeczy nie ma większego znaczenia, jak długo borykamy się z jakimś problemem, jak bardzo jest dla nas uciążliwy czy też jak bardzo utrudnia nam życie.

Moc objawia się zawsze w chwili obecnej.

Wszystkie wydarzenia, jakie miały miejsce w waszym życiu aż do chwili obecnej, zaistniały dzięki waszym myślom i przekonaniom powstałym w przeszłości. Były skutkiem myśli i słów używanych wczoraj, w ubiegłym tygodniu, minionym miesiącu, w zeszłym roku, dziesięć, dwadzieścia, trzydzieści czy czterdzieści lat temu, w zależności od waszego wieku.

A jednak to już przeszłość. Była i minęła. Obecnie liczy się tylko to, co chcesz myśleć, mówić i w co chcesz wierzyć właśnie teraz. Te myśli i słowa tworzą twoją przyszłość. Twoja moc manifestuje się w chwili obecnej i kształtuje doświadczenia jutra, następnego tygodnia, przyszłego miesiąca i roku.

Obserwuj myśl powstającą w tej właśnie chwili. Czy jest ona pozytywna, czy negatywna? Czy chcesz, aby ta myśl była twórczym elementem twojej przyszłości? Zastanów się nad tym i bądź tego świadomy.

Jedyną rzeczą, z którą mamy zawsze do czynienia, jest myśl, ta zaś może być zmieniona.

Nie ma znaczenia, na czym polega twój problem: nasze doświadczenia są zewnętrznym skutkiem wewnętrznych myśli. Nawet nienawiść do siebie polega tylko na nienawidzeniu swoich myśli o sobie. Myślisz: „Jestem złym człowiekiem". Ta myśl wywołuje uczucie, które umacnia się w tobie. Nie tworząc takiej myśli, nie wytworzysz też uczucia. A przecież myśli mogą być zmienione. Zmień więc tę myśl, a zmieni się także uczucie.

To ukazuje nam, skąd się biorą nasze przekonania. Ale niech nie będzie to usprawiedliwieniem dla naszego trwania w bólu. Przeszłość nie ma już władzy nad nami. Nie ma znaczenia, jak długo żyliście według negatywnego wzorca. Macie moc zmienić to w chwili obecnej. Jak cudownie jest sobie to uświadomić! W tej chwili stajemy się wolni!

Jakkolwiek by to brzmiało, rzeczywiście my dokonujemy wyboru naszych myśli.

Możemy przyzwyczaić się do pewnej powtarzanej myśli tak, iż nie wydaje nam się, że to my sami wybraliśmy tę myśl. Ale naprawdę to my dokonaliśmy jej wyboru. Możemy też zrezygnować z tworzenia pewnych myśli. Zastanów się, jak często nie chciałeś myśleć o sobie pozytywnie. Możesz zatem także zrezygnować z negatywnego myślenia o sobie.

Wydaje mi się, że wszyscy na tej ziemi, których znam lub z którymi pracowałam, w mniejszym lub większym stopniu przepełnieni są niechęcią do siebie i poczuciem winy. Im większe jest nasilenie tych niedobrych uczuć, tym gorzej wiedzie się nam w życiu. I odwrotnie. Im mniej niechęci i poczucia winy, tym więcej powodzenia nas spotyka we wszystkich dziedzinach życia.

Najgłębszym przekonaniem każdego, z kim pracowałam, było zawsze: „Nie jestem dość dobry".

Dodajmy do tego: „I nie robię wystarczająco dużo" lub: „Nie zasługuję na to". A czy z tobą nie jest tak samo? Czy nie mówisz, nie zakładasz z góry, nie czujesz, że „nie jesteś dość dobry"? Ale dla kogo? W odniesieniu do czyich wymagań?

Jeśli to przekonanie jest w nas bardzo silne, to w jaki sposób możemy stworzyć życie oparte na miłości, radości, dobrym samopoczuciu i zdrowiu? Twoje podstawowe, podświadome przekonanie będzie się zawsze temu w jakiś sposób przeciwstawiać. Nigdy nie osiągniesz tego, ponieważ zawsze coś będzie ci stawało na przeszkodzie.

Dochodzę do wniosku, że noszone w sobie urazy, samokrytycyzm, poczucie winy i lęk powodują o wiele więcej problemów niż cokolwiek innego.

Te cztery rzeczy są przyczyną najpo... naszych ciałach i w naszym życiu. Uczucia te... szych kłopotów w na-
... z oskarżania

innych i rezygnowania z odpowiedzialności za nasze własne doświadczenia. A przecież, jeśli jesteśmy w pełni odpowiedzialni za wszystko, co dzieje się w naszym życiu, to nikogo nie powinniśmy obwiniać.

Cokolwiek się dzieje „poza nami", jest lustrzanym odbiciem naszych myśli. Nie usiłuję tłumaczyć czyjegoś złego zachowania, ale to właśnie *NASZE* przekonania przyciągają ludzi, którzy odnoszą się do nas tak, a nie inaczej.

Jeśli uświadomisz sobie, że mówisz: „Każdy zawsze robi mi to i tamto, krytykuje mnie, nigdy go nie ma, gdy jest mi potrzebny, traktuje mnie instrumentalnie, zachowuje się obelżywie", to jest to *TWÓJ WZORZEC.* Widocznie jest w tobie coś, co wywołuje takie reakcje u innych osób. Jeśli przestaniesz myśleć w ten sposób, ludzie ci skierują się gdzie indziej i zajmą się kim innym. Ty nie będziesz ich już przyciągał.

Skutki działania tych wzorców dają się odczuć na płaszczyźnie somatycznej. Na przykład, noszenie w sobie przez długi czas urazy może się uzewnętrznić w ciele w postaci raka. Krytykowanie siebie, jako stały nawyk, może często prowadzić do artretyzmu. Poczucie winy zawsze domaga się kary, a kara wywołuje ból. (Gdy przychodzi do mnie ktoś skarżący się na bóle, wiem, że ma bardzo duże poczucie winy). Lęk i związane z nim napięcie często objawia się łysieniem, wrzodami, a nawet bólami stóp.

Stwierdziłam, że przebaczenie i uwolnienie się od uczucia urazy może spowodować cofnięcie się raka. Może się to wydawać naiwnością, a jednak widziałam takie przypadki i sama tego doświadczyłam.

Możemy zmienić nasz stosunek do przeszłości.

Przeszłość była i minęła. Teraz nie możemy jej zmienić. Możemy natomiast zmienić nasze myślenie o przeszłości. Głupotą jest *KARAĆ SIEBIE* w chwili obecnej z powodu tego, że ktoś zranił nas dawno temu.

Często mówię ludziom mającym głębokie poczucie urazy: „Proszę, postaraj się popracować nad tym teraz, gdy nie jest to jeszcze takie trudne. Nie czekaj, aż znajdziesz się pod nożem chirurga lub na łożu śmierci, kiedy będziesz dodatkowo przeżywał paniczny strach". W stanie paniki bardzo trudno jest skupić umysł na działaniu zmierzającym do uzdrowienia. Musimy wtedy najpierw znaleźć czas na pozbycie się lęku.

Jeśli będziemy chcieli uwierzyć w to, że jesteśmy bezbronnymi ofiarami i że wszystko jest beznadziejne, wtedy nawet Wszechświat będzie nas w tym utwierdzał i bezwolnie poddamy się tym myślom. Ogromne znaczenie ma uwolnienie się od tych głupich, nieaktualnych, negatywnych wyobrażeń i przekonań nie przynoszących nic dobrego. Nawet nasze pojęcie Boga winno sytuować Go po naszej stronie, a nie jako działającego przeciw nam.

Aby uwolnić się od przeszłości, musimy chcieć wybaczyć.

Musimy zdecydować się na uwolnienie od przeszłości oraz wybaczenie wszystkim, nie wyłączając siebie. Możemy nie wiedzieć, jak wybaczyć, możemy nie chcieć tego zrobić, ale już sam fakt powiedzenia, że jesteśmy gotowi wybaczyć, oznacza początki procesu uzdrawiającego. Konieczne dla naszego uzdrowienia jest to, że MY uwalniamy się od przeszłości i wybaczamy każdemu.

„Wybaczam Ci, że nie jesteś takim, jakim chciałbym Cię widzieć. Wybaczam Ci i bądź wolny".

Ta afirmacja czyni nas wolnymi.

Wszystkie choroby mają swoje źródło w niewybaczeniu.

Ilekroć jesteśmy chorzy, poszukajmy w naszych sercach, komu mamy wybaczyć.

Kurs Cudów mówi: „Wszystkie schorzenia mają swoje źródło w niewybaczeniu" oraz: „Ilekroć jesteśmy chorzy, powinniśmy rozejrzeć się dookoła i poszukać osoby, której trzeba wybaczyć".

Do tej teorii dorzuciłabym myśl, że tej osobie, której najtrudniej jest nam wybaczyć, musimy *WYBACZYĆ PRZEDE WSZYSTKIM.*

Wybaczenie oznacza odpuszczenie, puszczenie w niepamięć. To nie
ma nic wspólnego z usprawiedliwianiem. Po prostu odpuszcza się tę
sprawę. Nie musimy wiedzieć, *JAK* wybaczyć. Wszystko, co mamy
do zrobienia, to *CHCIEĆ* wybaczyć. Kosmos zatroszczy się o sposoby.
    Rozumiemy tak dobrze nasz własny ból. Jak trudno jest jednak
zrozumieć, że *ONI*, którym powinniśmy wybaczyć, kimkolwiek by
byli, także cierpieli. Musimy zrozumieć, że czynili, co mogli, zgodnie
ze swoimi możliwościami zrozumienia, świadomością i wiedzą, jakie
mieli w tamtym okresie.
    Gdy ludzie przychodzą do mnie z problemem, nie zwracam uwagi
na to, co to jest – nadwerężone zdrowie, brak pieniędzy, niesatys-
fakcjonujące związki, zahamowania w normalnej aktywności – koncentruję się na jednej sprawie, którą jest *MIŁOŚĆ DO SAMEGO
SIEBIE*.
    Sądzę, że kiedy rzeczywiście kochamy i *AKCEPTUJEMY SIEBIE
TAKIMI, JAKIMI JESTEŚMY*, wszystko w życiu udaje się. To tak,
jakby dookoła wydarzały się małe cuda. Zdrowie jest lepsze, otrzymujemy więcej pieniędzy, związki emocjonalne są bardziej war-
tościowe, zaczynamy działać twórczo. I to wszystko dzieje się bez
większego wysiłku z naszej strony.
    Kochanie i aprobowanie samego siebie, tworzenie wokół siebie
klimatu zaufania, bezpieczeństwa i akceptacji sprawia, że umysł staje
się uporządkowany, kreuje lepsze związki międzyludzkie, daje możność otrzymania lepszej pracy, mieszkania, a nawet wpływa korzystnie na wygląd zewnętrzny. Ludzie, którzy potrafią kochać samych
siebie, nie czynią sobie i innym niczego złego.
    Samoaprobata i samoakceptacja to podstawowy klucz do pozytyw-
nych zmian w każdej dziedzinie naszego życia.
    Kochanie siebie, według mnie, zaczyna się od niekrytykowania
siebie z byle powodu. Nadmierny krytycyzm więzi nas akurat w tym
wzorcu, który staramy się zmienić. Zrozumienie samego siebie
i właściwe obchodzenie się z własną osobą umożliwia nam zmianę
tego wzorca. Pamiętajcie, że proces krytykowania siebie trwał latami
i nie dawał żadnych rezultatów. Spróbujcie zaakceptować siebie,
a zobaczycie, co będzie się działo.

*W bezkresie życia, w którym jestem,
wszystko jest doskonałe, całkowite i pełne.
Wierzę w moc większą ode mnie,
która przenika mnie w każdym momencie każdego dnia.
Otwieram się na jej mądrość wiedząc,
że jest tylko Jedna Inteligencja we Wszechświecie.
Z tej Inteligencji pochodzą
wszystkie odpowiedzi, rozwiązania, uzdrowienia, dzieła.
Wierzę tej Mocy i Inteligencji wiedząc,
że to, co mam wiedzieć, będzie mi objawione,
a czegokolwiek będę potrzebował, przyjdzie do mnie
we właściwym czasie, przestrzeni i kolejności.
Wszystko jest dobre w moim świecie.*

Część 2

SESJA Z LOUISĄ

 *Rozdział II*

Co jest twoim problemem?

„Bezpiecznie jest spojrzeć w siebie".

Moje ciało niedomaga

Boli, krwawi, pobolewa, więdnie, wykrzywia się, puchnie, słabnie, piecze, starzeje się, rozpada, wzrok i słuch zawodzą etc. I cokolwiek jeszcze mielibyście ochotę dorzucić. Myślę, że już słyszałam wszystkie możliwe określenia.

Moje związki z ludźmi nie udają się

Oni mnie przytłaczają, są nieobecni, wymagający, nie troszczą się o mnie, zawsze mnie krytykują, nie kochają, nigdy nie dają spokoju, czepiają się mnie, nie mają ochoty na kontakty ze mną, pomijają mnie, nigdy mnie nie słuchają etc. I cokolwiek chcielibyście dodać. Tak. Wszystko to słyszałam.

Moja sytuacja materialna jest niezadowalająca

Nie mam pieniędzy, albo rzadko kiedy, nigdy nie mam ich w wystarczającej ilości, są poza moim zasięgiem, szybciej wydaję, niż zarabiam, nie starcza mi na uregulowanie rachunków, przeciekają mi przez palce etc. Plus to, co macie chęć dorzucić. Oczywiście wszystkie sformułowania już słyszałam.

W życiu mi się nie wiedzie

Nigdy nie robię tego, co chciałbym robić. Nikogo nie mogę zadowolić. Nie wiem, co chcę robić. Nigdy nie mam czasu dla siebie. Moje potrzeby i życzenia zawsze są pomijane. Robię to tylko po to, by zadowolić innych. Traktują mnie jak przedmiot. Nikt nie zwraca uwagi na to, co chciałbym zrobić. Nie mam talentu. Niczego nie robię właściwie. Ze wszystkim zwlekam. Nigdy nic mi się nie udaje etc. I cokolwiek byście chcieli jeszcze dodać w uzupełnieniu. Słyszałam już te i inne sformułowania.

Ilekroć zadaję pytanie, co się dzieje w życiu osoby do mnie przychodzącej, zazwyczaj otrzymuję jedną z powyższych odpowiedzi lub kilka z nich naraz. Ludzie ci myślą przy tym, że znają swój problem. Ja zaś wiem, że ich narzekania są tylko zewnętrzną powłoką myślowego wzorca, pod którym jest drugi, głębszy, bardziej fundamentalny, stanowiący podstawę tych zewnętrznych objawów.

Słucham słów, jakich używają w odpowiedzi na podstawowe pytania, zadawane przeze mnie:

Co się dzieje w twoim życiu?
Jak zdrowie?
W jaki sposób zarabiasz na życie?
Czy lubisz swoją pracę?
A jak finanse?
Jak wygląda twoje życie uczuciowe?
Jak się skończył twój ostatni związek?
A związek, który istniał przed nim, jak się skończył?
Opowiedz mi krótko o swoim dzieciństwie.

Obserwuję sylwetkę, mimikę, choć najczęściej koncentruję się na słowach. Myśli i słowa budują naszą przyszłość. W miarę jak słucham ich wypowiedzi, zaczynam rozumieć, dlaczego ludzie ci mają akurat takie problemy. Słowa, jakie wypowiadamy, ujawniają nasze wewnętrzne myśli. Czasami słowa te nie pasują do doświadczeń opisywanych przez te osoby. Wtedy wiem, że albo nie zdają sobie sprawy z tego, co się wokół nich naprawdę dzieje, lub po prostu kłamią. Jedno lub drugie jest punktem wyjścia, wskazuje podstawę, od której należy zacząć.

Ćwiczenie: Powinienem

Teraz wręczam pacjentowi kartkę papieru i ołówek z prośbą o napisanie u góry:

POWINIENEM

_____ .

_____ .

_____ .

_____ .

Zadanie polega na sporządzeniu pięcio- lub sześciopunktowej listy zakończeń tego zdania. Niektórzy mają kłopot z rozpoczęciem; inni znów mają tak dużo do napisania, że trudno jest ich zatrzymać.

Proszę teraz, by przeczytali tę listę, za każdym razem rozpoczynając od słów: „Powinnam / Powinienem". Po wysłuchaniu każdego zdania pytam: „Dlaczego?"

Odpowiedzi są bardzo interesujące i odkrywcze, na przykład:

Matka mi powiedziała, że powinnam.
Ponieważ boję się tego nie zrobić.
Ponieważ muszę być doskonały.
Cóż, wszyscy muszą to robić.
Ponieważ jestem zbyt leniwy / za niski / za wysoki / za gruby / za szczupły / zbyt głupi / zbyt brzydki / bezwartościowy.

Te odpowiedzi uzmysławiają mi, jak bardzo ludzie są skostniali w swych przekonaniach i jak mocno trzymają się własnych ograniczeń. Nie komentuję odpowiedzi. Kiedy już kończymy odczytywanie listy, rozmawiam o znaczeniu słowa *POWINIENEM*. Właściwie uważam je za najbardziej niszczące słowo w naszym języku. Za każdym razem używając słowa „powinienem" właściwie mówimy, że coś jest nie w porządku. Albo *jesteśmy* nie w porządku, albo *byliśmy* lub *będziemy*. Nie sądzę, byśmy potrzebowali tego w naszym życiu. Potrzebujemy więcej wolności wyboru. Chciałabym bardzo na zawsze wymazać ze słownika słowo „powinienem". Zastępuję je słowem *MÓGŁBYM / MOGŁABYM*. Daje nam ono możność wyboru, a każdy wybór jest dobry.

Następnie proszę o ponowne odczytanie listy punkt po punkcie, z tą różnicą, że teraz rozpoczynamy każde zdanie słowami:

„Gdybym rzeczywiście chciał, mógłbym _____".
To stawia sprawę w zupełnie innym świetle.

W trakcie tej pracy pytam łagodnie: „A dlaczego tego nie uczyniłeś?" Teraz słyszę różne odpowiedzi:

Nie chcę.
Obawiam się.
Nie wiem, jak to należałoby zrobić.
Ponieważ nie jestem dość dobry... itd.

Często stwierdzam, że ludzie przez całe lata wściekają się na siebie, wykonując czynności, na które nigdy nie mieli ochoty, lub krytykują siebie za niewykonanie czegoś, co właściwie nigdy ich nie interesowało. Najczęściej jest to powinność narzucona przez innych. Z chwilą uświadomienia sobie tego, po prostu mogą skreślić ją z listy „powinienem". Co za ulga!

Spójrzcie na ludzi, którzy całymi latami zmuszają się do robienia kariery, na którą, nawiasem mówiąc, wcale nie mają ochoty, a czynią to tylko dlatego, że rodzice chcieli w nich widzieć dentystę lub nauczyciela. Jakże często czujemy się kimś gorszym, ponieważ słyszymy, że powinniśmy być sprytniejsi, bogatsi lub bardziej twórczy, na wzór kogoś z bliskiego otoczenia.

Co zatem z waszej listy „powinienem" mogłoby być skreślone i przyniosłoby wam poczucie ulgi?

Od chwili omówienia tego krótkiego spisu ludzie zaczynają patrzeć na swoje życie w inny sposób. Spostrzegają, że na wiele spraw, które uważali dotąd za swoją powinność, nigdy nie mieli ochoty. Starali się tylko zadowolić innych. Niejednokrotnie dzieje się tak dlatego, że obawiają się lub czują, iż nie są dość dobrzy.

Problem zaczyna ukazywać się w innym świetle. Zapoczątkowałam proces uwalniania się moich pacjentów od poczucia, że są „nie w porządku", ponieważ nie pasują do wyobrażeń otoczenia.

Następnie zaczynam wyjaśniać *moją filozofię życia*, tak jak to uczyniłam w pierwszym rozdziale. Jestem przekonana, że życie jest bardzo proste. To, co z siebie dajemy, wraca do nas. Wszechświat całkowicie wspiera każdą naszą myśl, którą zechcemy pomyśleć i w którą uwierzymy. Kiedy jesteśmy mali, uczymy się, co myśleć o sobie i życiu na podstawie reakcji dorosłych wokół nas. Jakiekolwiek byłyby te przekonania, będą one przez nas odtwarzane jako własne doświadczenia, kiedy dorośniemy. Jednakże mamy tu do czynienia tylko z myślowymi wzorcami, a te możemy zmienić w każdym momencie. Zmiany mogą zacząć się właśnie od tej chwili.

Kochanie siebie

W dalszym ciągu sesji staram się wytłumaczyć, że jakikolwiek byłby problem danej osoby, podstawową sprawą, nad którą trzeba pracować, jest *kochanie siebie*. Miłość jest cudownym lekarstwem. Kochanie siebie czyni cuda w naszym życiu.

Nie mówię o próżności czy zarozumiałości bądź wyniosłości – to nie jest miłość. To tylko lęk. Mam na myśli odczuwanie szacunku dla siebie oraz wdzięczność za cud naszego ciała i umysłu.

Dla mnie słowo „miłość" oznacza cenienie czegoś do tego stopnia, że uczucie to przepełnia i rozpiera. Miłość może kierować się w różne strony. Mogę odczuwać miłość do:

Samego procesu życia jako takiego.

Radości istnienia.

Piękna, które oglądam.

Innej osoby.

Wiedzy.

Procesów naszego umysłu.

Naszego ciała i sposobu jego funkcjonowania.
Zwierząt, ptaków, ryb.
Roślinności we wszystkich formach.
Wszechświata i jego mechanizmów działania.

Co można jeszcze dodać do powyższej listy?

Popatrzmy teraz, jakie są przejawy niekochania siebie:
Karcimy i krytykujemy siebie bez końca.
Źle się odżywiamy, nadużywamy alkoholu i różnego rodzaju narkotyków.
Chcemy wierzyć w to, że nie jesteśmy godni miłości.
Obawiamy się zażądać stosownej ceny za nasze usługi.
Tworzymy choroby i bóle w naszych ciałach.
Zwlekamy z załatwieniem spraw, które przyniosłyby nam korzyść.
Żyjemy w chaosie i bałaganie.
Doprowadzamy do długów i obciążeń.
Swoim zachowaniem przyciągamy partnerów i towarzystwo, które nas nie docenia.

A jakie są twoje sposoby niekochania siebie?

Jeśli w jakikolwiek sposób *odrzucamy nasze dobro*, jest to dowód niekochania siebie. Przypominam sobie pacjentkę, która nosiła okulary. Pewnego dnia pracowałyśmy nad uwolnieniem się od lęku z okresu dzieciństwa. Następnego dnia rano obudziła się z uczuciem, że przeszkadzają jej szkła kontaktowe. Rozglądając się dokoła stwierdziła, że jej wzrok jest bez zarzutu.

Przez cały dzień powtarzała sobie jednak: „Nie wierzę! To niemożliwe!" Następnego dnia musiała ponownie założyć szkła kontaktowe. Z naszą podświadomością nie ma żartów. Ta osoba nie mogła uwierzyć, że wróciła jej normalna ostrość widzenia.

Brak poczucia własnej wartości to inny przykład niekochania siebie.

Tom był dobrym artystą. Miał kilku zamożnych klientów, którzy zamówili u niego częściowy wystrój wnętrza swoich domów, jednakże wciąż nie dawał sobie rady z finansami. Jego oferta cenowa była zbyt niska w porównaniu z nakładem pracy potrzebnym do ukończenia dzieła. Każdy, kto wykonuje usługę lub tworzy coś jedynego w swoim rodzaju, może zażądać dowolnej ceny za swoją pracę. Ludzie zamożni uwielbiają płacić wysokie rachunki. Rzecz, za którą płacą, nabiera dla nich przez to większej wartości. Inne przykłady:

Nasz partner jest zmęczony i opryskliwy. Zastanawiamy się, co złego my uczyniliśmy, że zachowuje się w taki sposób.

Ktoś zaprasza nas gdzieś raz lub dwa, a potem nie pojawia się więcej. Myślimy, że coś jest z nami nie w porządku.

Nasze małżeństwo rozpada się i jesteśmy pewni, że to nasza wina.

Obawiamy się poprosić szefa o podwyżkę.

Nasz wygląd zewnętrzny nie odpowiada wzorcowi, który prezentowany jest w modnych magazynach i w związku z tym czujemy się gorsi.

Nie „wykonujemy planu", nie dostajemy „swojej części" i jesteśmy pewni, że „nie jesteśmy dość dobrzy".

Obawiamy się intymności i dopuszczenia kogokolwiek zbyt blisko siebie, a więc decydujemy się na anonimowy seks.

Nie potrafimy podjąć decyzji, ponieważ jesteśmy przekonani, że będą niewłaściwe.

A jak ty wyrażasz *swoje* poczucie niższej wartości?

Dziecięca doskonałość

Jakże byliśmy doskonali jako niemowlęta. Maleńkie dzieci nie muszą nic robić, by stać się doskonałymi. Są takie po prostu i zachowują się tak, jakby o tym wiedziały. Wiedzą o tym, że są centrum Wszechświata. I nie obawiają się poprosić o cokolwiek. Bez zahamowań wyrażają swoje emocje. Wiemy, kiedy dziecko jest niezadowolone. Całe otoczenie o tym wie. Wiemy także, kiedy są szczęśliwe,

bo ich uśmiechy rozświetlają miejsca, w których przebywają. Są pełne miłości.
Niemowlęta umierają, jeśli nie otrzymują miłości. W miarę dorastania uczymy się żyć bez miłości, ale niemowlęta tego nie potrafią. Kochają także każdą część swego ciała; nawet tę, która wydala. Odznaczają się niebywałą odwagą. *Wy też byliście tacy sami.* Wszyscy byliśmy tacy sami. Potem zaczęliśmy słuchać dorosłych, którzy nauczyli nas bać się. Tak zaczęliśmy negować swoją wspaniałość.

Nigdy nie daję wiary, gdy pacjenci starają się mnie przekonać, że są okropni lub niegodni miłości. Moja praca polega na tym, aby pomóc im powrócić do czasów, kiedy wiedzieli, jak siebie kochać naprawdę.

Ćwiczenie: Lustro

Proszę pacjenta, by wziął do ręki małe lusterko i spojrzał sobie prosto w oczy, wypowiadając swoje imię z uzupełnieniem: „Kocham Cię i akceptuję takim, jaki jesteś".

Dla wielu osób jest to bardzo trudne zadanie. Rzadko obserwuję spokojną reakcję, nie mówiąc nawet o zadowoleniu z tego ćwiczenia. Niektórzy krzyczą, inni są bliscy płaczu lub wściekają się, niektórzy krytykują swój wygląd lub cechy charakteru, albo twierdzą, że *NIE MOGĄ* tego powiedzieć. Jeden z mężczyzn nawet cisnął lusterkiem i gotów był uciec. Upłynęło kilka miesięcy, nim zdecydował się spojrzeć w nie ponownie.

Całe lata patrzyłam w lustro tylko po to, by krytykować swoją podobiznę. Wspomnienie nieskończenie długich godzin spędzonych na regulowaniu łuku brwi, z wątpliwym zresztą efektem, śmieszy mnie dzisiaj. Pamiętam, iż przerażało mnie patrzenie we własne oczy.

To proste ćwiczenie mówi mi bardzo wiele. W ciągu niecałej godziny udaje mi się dotrzeć do sedna spraw kryjących się w podłożu zewnętrznego problemu. Jeśli pracujemy tylko na poziomie tego problemu, możemy spędzić długie godziny na wydobywaniu szczegółu po szczególe. A kiedy myślimy, że „rozpracowaliśmy" już wszystko, niespodziewanie wyskakuje coś nowego.

„Problem" jest rzadko tym prawdziwym problemem

Pewna pacjentka była bardzo zaabsorbowana swoim wyglądem. Przede wszystkim zębami. Odwiedzała jednego dentystę po drugim uważając, że każdy z nich tylko pogorszył jej wygląd. Zdecydowała się na operację korygującą kształt nosa i była z niej bardzo niezadowolona. Spotkanie z każdym specjalistą umacniało ją w przekonaniu o własnej brzydocie. Jej problem nie polegał jednak na wyglądzie zewnętrznym, lecz na mniemaniu, że coś jest z nią nie w porządku.

Przyszła też pacjentka, która miała oddech o nieprzyjemnym zapachu. Przebywanie w jej pobliżu nie należało do przyjemności. Studiowała, by zostać duchownym, i zewnętrznie sprawiała wrażenie osoby pobożnej i uduchowionej. Pod tą powłoką wyczuwało się jednak złość i zazdrość wybuchającą od czasu do czasu na myśl, że ktoś inny mógłby zagrozić jej pozycji. Jej wewnętrzne przekonanie wyrażało się niemiłym oddechem. Była agresywna nawet wtedy, gdy udawała, że jest pełna miłości. Nikt w rzeczywistości jej nie zagrażał, poza nią samą.

Pewien chłopiec miał piętnaście lat, kiedy matka przyprowadziła go do mnie. Cierpiał na chorobę Hodgkina i miał przed sobą tylko trzy miesiące życia. Jego matka była zrozpaczona i trudno było się z nią porozumieć. Chłopiec natomiast był pogodny, mądry i odznaczał się wielką chęcią życia. Zaakceptował wszystkie moje rady łącznie z tą, by zmienić sposób myślenia i mówienia. Jego rozwiedzeni rodzice wiecznie się kłócili. Tak naprawdę nie miał prawdziwego domu rodzinnego.

Inny pacjent bardzo chciał zostać aktorem. Pogoń za sławą i majątkiem odebrała mu całkowicie umiejętność cieszenia się. Sądził, że tylko wtedy może być zaakceptowany i czuć się człowiekiem wartościowym, kiedy zdobędzie sławę. Uczyłam go kochać i akceptować siebie. Szybko czynił postępy. Teraz dojrzał i regularnie występuje na Broadwayu. Z chwilą gdy nauczył się radości bycia sobą, zaczął otrzymywać role.

Nadwaga to inny dobry przykład tracenia energii na rozwiązanie problemu, który nie jest tym prawdziwym problemem. Ludzie niejednokrotnie przez wiele lat bezskutecznie walczą ze swoją nadwagą. Wszystkie swoje kłopoty przypisują nadwadze. A ona jest tylko uzewnętrznieniem poważniejszych, głębszych problemów. Według mnie, jest to zawsze lęk oraz potrzeba opieki i oparcia. Kiedy czujemy się zagrożeni, niepewni lub „nie dość dobrzy", przybieranie na wadze jest naszą obroną.

Spędzanie życia na wymyślaniu sobie z powodu nadwagi i obwinianie się za każdy kęs spożywanego jedzenia oraz robienie sobie tych wszystkich numerów, gdy usiłujemy schudnąć, jest po prostu stratą czasu. Za dwadzieścia lat będziemy w tej samej sytuacji, ponieważ nie rozpoczęliśmy nawet pracy nad prawdziwym problemem. Wszystko, co osiągnęliśmy, to doprowadzenie się do stanu jeszcze większego przerażenia i niepewności, a wtedy właśnie potrzebujemy jeszcze większej wagi dla ochrony.

Rezygnuję więc z koncentrowania się na nadmiernej tuszy lub dietach. Diety nie zdają egzaminu. Z wyjątkiem diety psychicznej, polegającej na ograniczeniu negatywnych myśli. Mówię pacjentom: „Odłóżmy to na bok i na razie skoncentrujmy się na innych sprawach".

Pacjenci często twierdzą, że nie mogą siebie pokochać, ponieważ są grubi lub – jak ujęła to jedna z dziewczyn – „zbyt zaokrągleni". Wyjaśniam, że są grubi, bo nie kochają siebie. Z chwilą gdy zaczynamy kochać i akceptować siebie, nadwaga cudownie znika.

Czasami pacjenci nawet złoszczą się na mnie, kiedy im wyjaśniam, jak łatwo mogą zmienić swoje życie. Odnoszą może wrażenie, że nie rozumiem ich problemów. Pewna kobieta bardzo zdenerwowała się i powiedziała: „Przyszłam tu, by otrzymać pomoc w mojej dysertacji, a nie uczyć się, jak kochać siebie". Dla mnie było oczywiste, że jej główny problem stanowiła wielka niechęć do siebie samej. Przenikała każdy szczegół jej życia, łącznie ze wspomnianym pisaniem dysertacji. Nic jej się nie udawało dopóty, dopóki czuła się tak bezwartościowa.

Nie mogła mnie słuchać i rozpłakawszy się wyszła. Wróciła mniej więcej po roku z tym samym problemem oraz dodatkowo wieloma innymi. Czasami ludzie nie są jeszcze gotowi i nie należy tego osądzać. Decydujemy się na dokonanie zmian we właściwym czasie, miejscu i kolejności odpowiedniej dla nas. Ja zaczęłam dopiero po czterdziestce.

Prawdziwy problem

Oto mam więc przed sobą osobę, która patrząc w niewinne lusterko popada w zły humor. Uśmiecham się z zadowoleniem i mówię: „Dobrze, teraz widzimy ten «prawdziwy problem» i nareszcie możemy zacząć usuwać przeszkody stojące na twojej drodze". Mówię o kochaniu siebie. O tym, że dla mnie ten proces zaczyna się od niekrytykowania siebie, bez względu na okoliczności. Nigdy.

Obserwuję ich twarze zadając pytanie, czy siebie krytykują. Reakcje mówią mi wiele:

No tak, oczywiście.

Cały czas.

Nie tak bardzo jak kiedyś.

A jak mam się zmienić, jeśli nie będę krytykować siebie?

Przecież wszyscy to robią.

Na tę ostatnią odpowiadam: „My nie mówimy o wszystkich, mówimy o tobie. Dlaczego siebie krytykujesz? Co ci się tak bardzo nie podoba?"

W trakcie wypowiedzi sporządzam listę. To, co mówią, często jest zbieżne z ich „listą powinności". Ludzie sądzą, że są zbyt wysocy, zbyt niscy, zbyt grubi, zbyt chudzi, zbyt głupi, zbyt starzy, zbyt młodzi, zbyt brzydcy (bardzo często twierdzą tak ludzie naprawdę piękni lub przystojni). Albo uważają, że jest na coś za późno lub za wcześnie, są zbyt leniwi i tak dalej, i tak dalej. Proszę zwrócić uwagę, że prawie zawsze występuje słowo „zbyt". Ostatecznie, gdy zbliżamy się do końca, mówią: „Nie jestem dość dobry".

Hura, hura! Nareszcie dotarliśmy do sedna sprawy. Ludzie krytykują siebie, ponieważ przyswoili sobie przekonanie, że „są nie dość
dobrzy". Pacjenci są zawsze zdumieni, że tak szybko do tego doszliśmy. Teraz nie musimy martwić się już takimi efektami ubocznymi,
jak na przykład kłopotami z sylwetką, związkami emocjonalnymi,
problemami finansowymi bądź brakiem twórczej ekspresji. Całą
energię możemy skierować na usunięcie przyczyny wszystkich tych
rzeczy: *NIEKOCHANIU SIEBIE.*

W bezkresie życia, w którym jestem,
wszystko jest doskonałe, całkowite i pełne.
Zawsze chroni mnie i prowadzi Opatrzność.
Bezpiecznie jest patrzeć w głąb siebie.
Bezpiecznie jest patrzeć w przeszłość.
Bezpieczne jest poszerzenie mojego poglądu na życie.
Jestem czymś więcej niż moja osobowość –
przeszła, obecna czy przyszła.
Postanawiam wznieść się ponad problemy mojej osobowości,
by móc poznać wspaniałość mego bytu.
Pragnę nauczyć się kochać siebie.
Wszystko jest dobre w moim świecie.

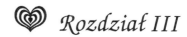 *Rozdział III*

Skąd się to bierze?

„Przeszłość nie ma władzy nade mną".

Przerobiliśmy już mnóstwo materiału i dokładnie zbadaliśmy to, co – jak myśleliśmy – było naszym problemem. Doszliśmy do tego, co jest – jak sądzę – istotą sprawy: czujemy, że nie jesteśmy dość dobrzy oraz że brak nam miłości do siebie. Zgodnie z moim poglądem na życie, to tu właśnie należy szukać źródła wszelkich problemów życiowych. Przyjrzyjmy się zatem, skąd się bierze to przekonanie.

Jak to się dzieje, że z niemowlęcia, które zna swoją doskonałość i doskonałość życia, przemieniamy się w osobę nękaną kłopotami, w takim czy innym stopniu trapioną poczuciem bezwartościowości i niegodną miłości? Nawet ludzie już kochający siebie mogą czynić to jeszcze mocniej.

Pomyślcie o róży, kiedy jest jeszcze małym pąkiem. Od chwili, gdy rozchyla płatki, aż do opadnięcia ostatniego z nich jest zawsze doskonała, zawsze piękna, zawsze inna. Tak też dzieje się i z nami. Zawsze jesteśmy doskonali, zawsze piękni i ciągle się zmieniamy. Posługujemy się najlepiej, jak umiemy, rozumem, świadomością i posiadaną wiedzą. W miarę jak stajemy się bardziej świadomi, więcej rozumiemy i wiemy – postępujemy inaczej.

Psychiczne porządki

Nadeszła pora, aby przyjrzeć się nieco dokładniej naszej przeszłości: rozpoznać przekonania, które nami powodowały. Tę część procesu oczyszczenia niektórzy uważają za bardzo bolesną, nie musi jednak tak być. Zanim posprzątamy, musimy przyjrzeć się naszemu stanowi posiadania.

Jeśli chcecie dokładnie wysprzątać pokój, rozglądacie się najpierw dokoła i dokonujecie przeglądu. Ulubionym przedmiotom poświęcicie więcej uwagi; trzeba je odkurzyć, wypolerować, przywrócić im dawną świetność. Dostrzeżecie, że niektóre sprawy będą wymagały dokończenia, a pewne rzeczy naprawy. Trzeba to sobie zanotować w pamięci. Przedmioty, które uznacie za bezużyteczne, przeznaczycie do wyrzucenia. Stare gazety, czasopisma, brudne papierowe talerze można spokojnie wyrzucić do śmieci. Nie trzeba się złościć robiąc porządki w mieszkaniu.

To samo dzieje się, gdy sprzątamy dom naszego umysłu. Nie ma powodu denerwować się tylko dlatego, że niektóre nasze przekonania są już niepotrzebne. Należy się ich pozbyć z taką samą łatwością, z jaką wyrzuca się resztki z talerza. Czy naprawdę zaryzykowalibyście grzebanie we wczorajszych odpadkach, by przyrządzić dzisiejszy posiłek? Czy warto grzebać w starym śmietniku psychicznym tylko po to, by tworzyć jutrzejsze doświadczenia?

Jeśli jakaś myśl lub przekonanie nie odpowiada wam, wyrzućcie ją! Nie ma takiego prawa, które nakazywałoby przez całe życie trzymać się niewolniczo tego lub innego przekonania!

Spójrzmy zatem na przykłady ograniczających przekonań i zastanówmy się, skąd się wzięły:

OGRANICZAJĄCE PRZEKONANIE: „Nie jestem dość dobry".

PRZYCZYNA: Ojciec powtarzający wielokrotnie dziecku, że jest głupie.

Mój pacjent powiedział, że pragnie sukcesu, aby tata mógł być z niego dumny. Jednocześnie miał wielkie poczucie winy, które spowodowało, że wszystkie jego poczynania kończyły się fiaskiem. Tato finansował jego interesy, ale wszystkie kończyły się bankructwem. Syn wykorzystywał to, by się na nim odegrać. Powodował, że ojciec płacił bez końca. Oczywiście, *on* sam był tym, który najwięcej tracił.

OGRANICZAJĄCE PRZEKONANIE: Brak miłości do siebie.
PRZYCZYNA: Usiłowanie zdobycia akceptacji ojca.
Pewna kobieta bardzo nie chciała być taka, jak jej ojciec. Nie mogli
się nigdy w niczym zgodzić i wiecznie się kłócili. Zawsze chciała
pozyskać jego akceptację, on jednak stale ją krytykował. Wszystko
ją bolało. Ojciec cierpiał także na podobne dolegliwości. Nie uświa-
damiała sobie, że jej złość była przyczyną bólów, podobnie jak ojciec
nie uzmysławiał sobie tego samego źródła swych dolegliwości.

OGRANICZAJĄCE PRZEKONANIE: „Życie jest niebezpieczne".
PRZYCZYNA: Przerażony ojciec.
Inna moja pacjentka widziała życie jako groźne i nieprzyjemne.
Trudno jej było zdobyć się na śmiech, a jeśli już zdarzyło się jej śmiać,
była przerażona, że może się jej przydarzyć coś „złego". Wychowy-
wano ją, ciągle napominając: „Nie śmiej się, bo licho nie śpi!"

OGRANICZAJĄCE PRZEKONANIE: „Nie jestem dość dobry".
PRZYCZYNA: Bycie porzuconym i pomijanym.
Pewnemu mężczyźnie mówienie sprawiało trudność. Milczenie
stało się więc sposobem na życie. Miał już za sobą narkotyki i alkohol,
był przekonany, że jest okropny. Dowiedziałam się, że jego matka
zmarła, gdy był bardzo młody. Wychowywała go ciotka, która rzadko
się odzywała, chyba że trzeba było wydać polecenia. Wychowywał
się w ciszy. Jadł zawsze sam i przebywał w swoim pokoju przez wiele
dni. Miał kochanka, który był milczący i większość czasu spędzali
w milczeniu. Kochanek zmarł i znowu był sam.

Ćwiczenie: Negatywne przekazy

Następne ćwiczenie polega na sporządzeniu na dużej kartce
papieru zestawienia wszystkich zarzutów czynionych wam
przez rodziców. Jakie to były zarzuty? Nie spieszcie się i przypomnijcie sobie jak najwięcej. Pół godziny zazwyczaj wystarcza, by to uczynić.

Co mówili na temat pieniędzy? Co mówili na temat twojego ciała? Co mówili o miłości i związkach uczuciowych? Co mówili o twoich twórczych zdolnościach? Co w ich wypowiedziach było ograniczającego, powstrzymującego lub negatywnego?

O ile to możliwe, popatrzcie po prostu obiektywnie na te sprawy i powiedzcie sobie: „Właśnie stąd bierze się to przekonanie". Teraz weźmy nową kartkę papieru i spróbujmy dokopać się do głębszej warstwy. Jakie były inne negatywne wypowiedzi, które zasłyszałeś w okresie dzieciństwa?

Od krewnych _____.
Od nauczycieli _____.
Od przyjaciół _____.
Od osób, które są dla ciebie autorytetem _____.
W twoim Kościele _____.

Zapisz je. Nie spiesz się z tym. Bądź świadomy odczuć, jakie pojawiają się w twoim ciele.

To, co napisałeś na dwóch kartkach papieru, to myśli, które powinny być usunięte z twojej świadomości. Są to właśnie te przekonania, które powodują, że czujesz się „nie dość dobry".

Widzenie siebie jako dziecka

Gdybyśmy postawili pośrodku pokoju trzyletnie dziecko i zaczęli na nie krzyczeć, wymyślać mu, że jest głupie, że nigdy niczego nie potrafi zrobić dobrze, że powinno to zrobić tak, a nie inaczej, gdybyśmy kazali mu przyjrzeć się, jaki zrobiło bałagan, a przy tym jeszcze uderzyli je kilkakrotnie, zobaczylibyśmy, że to wszystko zakończyłoby się albo przerażeniem dziecka, które ulegle siądzie w kącie, albo jego agresją. Dziecko wybierze jedno z tych dwóch zachowań, my zaś nigdy nie poznamy jego możliwości.

Jeśli temu samemu dziecku powiemy, że je bardzo kochamy, że bardzo nam na nim zależy, że kochamy je takim, jakie ono jest, kochamy za jego uśmiech i mądrość, za jego zachowanie, że nie mamy mu za złe błędów, które popełnia w trakcie nauki i że bez względu na wszystko będziemy dla niego oparciem – okaże się, że możliwości, jakie to dziecko zaprezentuje, przyprawią nas o zawrót głowy.

W każdym z nas tkwi takie trzyletnie dziecko i większość swojego czasu tracimy na karcenie tego dziecka w sobie. A potem dziwimy się, że nie układa nam się w życiu.

Jeśli masz przyjaciela, który zawsze cię krytykuje, czy chciałbyś ciągle przebywać w jego towarzystwie? Być może w ten sposób traktowano cię jako dziecko, i to jest smutne. Ale przecież było to dawno temu i jeśli teraz tak samo się ze sobą obchodzisz, to jest to jeszcze smutniejsze.

Masz przed sobą listę negatywnych przekazów, które usłyszałeś w dzieciństwie. Porównaj je z twoimi przekonaniami o tym, co jest w tobie nie w porządku. Czy listy te nie są podobne? Prawdopodobnie tak.

Nasz scenariusz życiowy oparty jest na tych wczesnych przekazach. Jesteśmy wszyscy dobrymi małymi dziećmi i posłusznie akceptujemy to, co „oni" przekażą nam jako prawdę. Bardzo łatwo byłoby oskarżać za wszystko rodziców i odgrywać rolę ofiar do końca naszego życia. Ale nie byłoby to zbyt przyjemne i z pewnością nie spowodowałoby zmiany naszej uciążliwej sytuacji.

Potępianie naszej rodziny

Obarczanie winą innych sprawia, że z pewnością nie uporamy się z naszym problemem. Przypisywanie winy komuś stawia nas w pozycji biernej ofiary. Zrozumienie tego umożliwi nam spojrzenie z góry na tę sprawę i przejęcie steru w swoje ręce.

Przeszłości nie da się zmienić. Przyszłość natomiast jest kształtowana przez nasze obecne myślenie. Niezbędną rzeczą dla naszego poczucia wolności jest uświadomienie sobie, że rodzice zrobili wszystko, co mogli, i tyle, na ile pozwoliły im rozeznanie, świadomość i wiedza. Jeśli obwiniamy innych, oznacza to, że nie bierzemy odpowiedzialności za siebie samych.

Ludzie, którzy nas skrzywdzili, byli tak samo przerażeni i bali się tak jak my. Czuli taką samą bezradność, jaką my odczuwamy. Nauczyli nas prawdopodobnie tylko tego, czego ich nauczono.

Co wiesz o dzieciństwie twoich rodziców, zwłaszcza przed dziesiątym rokiem życia? O ile to możliwe, postaraj się ich o to wypytać. Jeśli uda ci się dowiedzieć czegoś, będzie ci łatwiej zrozumieć, dlaczego tak, a nie inaczej postępowali. Zrozumienie przyniesie ci współczucie dla nich.

Jeśli nie wiesz i nie możesz się dowiedzieć, postaraj się wyobrazić sobie, jak to mogło wyglądać. Jakie dzieciństwo stworzyło takiego, a nie innego dorosłego?

Potrzebujesz tej wiedzy dla własnej wolności. Nie staniesz się wolnym, dopóki ich nie uwolnisz od winy. Nie możesz wybaczyć sobie, dopóki nie wybaczysz im. Jeśli wymagasz doskonałości od nich, będziesz tej doskonałości wymagał od siebie i całe życie będziesz nieszczęśliwy.

Wybór rodziców

Zgadzam się z teorią, że to my wybieramy sobie rodziców. Lekcje, jakie pobieramy od życia, wydają się doskonale odpowiadać „słabościom" naszych rodziców.

Wierzę, że jesteśmy w nie kończącej się podróży przez wieczność. Przybyliśmy na tę planetę, by przerobić konkretne lekcje potrzebne dla naszego duchowego rozwoju. Wybieramy płeć, kolor skóry, kraj. Następnie rozglądamy się za rodzicami, którzy doskonale „odzwierciedlą" nasze wzorce.

Nasze pobyty na tej planecie to jakby chodzenie do szkoły. Jeśli chcesz być kosmetyczką, idziesz do szkoły przygotowującej do tego zawodu. Jeśli chcesz być mechanikiem, uczysz się w szkole technicznej. Jeśli chcesz być prawnikiem, studiujesz prawo. Rodzice, których sobie wybraliście, byli najlepszymi „znawcami" przedmiotu, którego zdecydowaliście się nauczyć.

Gdy dorastamy, mamy tendencję do wytykania naszym rodzicom ich przewinień, mówimy: „To wy mi to zrobiliście". Ja jednak uważam, że sami ich wybraliśmy.

Słuchanie innych

Kiedy byliśmy mali, nasi starsi bracia i siostry stanowili dla nas wyrocznię. Jeśli byli nieszczęśliwi, prawdopodobnie odbijali to sobie na nas fizycznie lub słownie. Mogli na przykład powiedzieć: „Zaraz wszystko powiem..." (wpajając winę).

„Jesteś jeszcze za mały i nie możesz tego robić".

„Jesteś za głupi, by bawić się z nami".

Często wielki wpływ mają na nas również nauczyciele. Nauczycielka w piątej klasie dość autorytatywnie stwierdziła, że jestem zbyt wysoka, by zostać tancerką. Uwierzyłam jej i zrezygnowałam z moich ambicji tanecznych, aż stało się za późno na rozpoczęcie kariery.

Czy uświadamiałeś sobie, że testy i przechodzenie z klasy do klasy były potrzebne tylko po to, by pokazać, jak dużo wiedzy posiadłeś w tym czasie, czy też byłeś dzieckiem, które przyjmowało egzaminy i oceny jako miernik swojej wartości?

W okresie dzieciństwa dzieliliśmy się w gronie przyjaciół naszym fałszywym obrazem życia. Inne dzieci w szkole potrafiły nam dokuczać i pozostawiać trwałe rany w sercu. Kiedy byłam dzieckiem, moje nazwisko brzmiało Lunney i dzieci przezywały mnie „Lunatyczka".

Sąsiedzi też mają swój wpływ, nie tylko ze względu na czynione przez nich uwagi, lecz również dlatego, że pytano nas: „A co sobie sąsiedzi pomyślą?"

Zastanówcie się nad innymi ważnymi postaciami mającymi na was wpływ w dzieciństwie.

Istnieją też oczywiście mocno brzmiące i bardzo przekonujące sugestie zawarte w ogłoszeniach prasowych i w telewizji. Zbyt wiele produktów sprzedaje się po to tylko, by nas przekonać, że jesteśmy bezwartościowi lub robimy źle, jeśli ich nie używamy.

☆ ☆ ☆

My wszyscy jesteśmy tu po to, by przekraczać nasze dawne ograniczenia, jakiekolwiek by one były. Jesteśmy tu po to, by uznać naszą wspaniałość i boskość bez względu na to, co nam wmawiano. Wy macie przezwyciężyć *wasze* negatywne przekonania, tak jak ja mam przezwyciężyć *moje*.

W bezkresie życia, w którym jestem,
wszystko jest doskonałe, całkowite i pełne.
Przeszłość nie ma już władzy nade mną,
ponieważ chcę się uczyć i zmieniać.
Przeszłość traktuję jako niezbędną drogę,
która doprowadziła mnie do dnia dzisiejszego.
Chcę zacząć od miejsca, w którym się teraz znajduję,
po to, by posprzątać pokoje w moim psychicznym domu.
Wiem, że nieważne jest, od czego zacznę,
więc zaczynam od małych i najłatwiejszych spraw.
W ten sposób zobaczę szybko rezultaty.
Jest rzeczą pasjonującą być w środku tej przygody,
ponieważ zdaję sobie sprawę, że tego szczególnego
doświadczenia nie będę przeżywał ponownie.
Pragnę wyzwolić się.
Wszystko jest dobre w moim świecie.

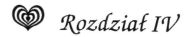 *Rozdział IV*

Czy to prawda?

„Prawda jest tym, co we mnie niezmienne".

Na pytanie „Czy to jest prawda?" są dwie odpowiedzi: „Tak" i „Nie". Coś jest prawdą, jeżeli chcesz wierzyć, że to prawda. Nie jest prawdą, jeżeli nie chcesz wierzyć, że to prawda. Szklanka jest do połowy pełna lub do połowy pusta, w zależności od tego, jak się na nią patrzy. Mamy do dyspozycji miliony myśli, na które możemy się zdecydować.

Większość z nas decyduje się na sposób myślenia podobny do myślenia naszych rodziców, chociaż wcale nie musimy tego robić. Nie ma takiego prawa, które nakazywałoby nam myśleć tylko w jeden sposób.

W cokolwiek będę chciała wierzyć, stanie się dla mnie prawdą. A w cokolwiek ty będziesz chciał wierzyć, stanie się prawdą dla ciebie. Nasze myśli mogą być całkowicie różne, bo nasze drogi życiowe i doświadczenia są całkowicie różne.

Zbadaj swoje myśli

To, w co wierzymy, staje się dla nas prawdą. Gdy spotkała cię nieoczekiwana klęska finansowa, to być może gdzieś w głębi ducha uważasz, że nie zasługujesz na to, by mieć pod dostatkiem pieniędzy, albo wierzysz w konieczność zastawiania majątku i zaciągania długów. Jeśli zaś sądzisz, że to, co dobre, nie trwa długo, to czyż nie jesteś przekonany, że życie tylko czyha, żeby cię chwycić za gardło i powtarzasz, co często słyszę: „Nie może mi się udać"?

Jeśli wydaje ci się, że nie jesteś zdolna związać się z kimś blisko, pewnie sądzisz: „Nikt mnie nie kocha" lub: „Nie jestem godna miłości". Przypuszczalnie boisz się, że zostaniesz tak zdominowana jak twoja matka, lub myślisz: „Ludzie mnie tylko ranią".

Jeśli nie dopisuje ci zdrowie, może jesteś przekonany: „Nasza rodzina jest chorowita" albo też, że jesteś ofiarą pogody. A może myślisz: „Urodziłem się, by cierpieć" lub: „To jest nie kończący się ciąg kłopotów". Możesz też mieć jakieś inne przekonania. Może nawet nie jesteś ich świadomy. Wiele osób nie zdaje sobie sprawy ze swoich przekonań. Patrzą na zewnętrzne okoliczności jak na nie powiązane ze sobą fakty. Dopóki ktoś nie zwróci ci uwagi na związki zachodzące między zewnętrznymi wydarzeniami a twoimi myślami, będzie przypadała ci w życiu rola ofiary.

PROBLEM	PRZEKONANIE
Katastrofa finansowa.	Nie zasługuję na posiadanie pieniędzy.
Brak przyjaciół.	Nikt mnie nie kocha.
Kłopoty w pracy.	Nie jestem dość dobry.
Wieczne zadowalanie innych.	Nie umiem postawić na swoim.

Jakikolwiek byłby to problem, jest on wytworem wzorca myślowego, wzorzec myślowy zaś może być zmieniony!

Wszystkie problemy, z którymi się borykamy w naszym życiu, można uważać za prawdziwe. Mogą się wydawać prawdą. Jednakże, bez względu na to, jak trudna jest sprawa, z którą mamy do czynienia, jest to wyłącznie zewnętrzny efekt działania naszych wewnętrznych wzorców myślowych.

Jeśli nie wiesz, jakie myśli tworzą twoje problemy, to znaczy, że akurat dobrze trafiłeś, gdyż książka ta pomoże ci się odnaleźć. Przyjrzyj się swoim problemom. Spytaj samego siebie: *„Jakie myśli to spowodowały?"*

Jeśli usiądziesz spokojnie i zadasz sobie to pytanie, twoja wewnętrzna inteligencja podsunie ci odpowiedź.

To tylko przekonanie nabyte w czasach dzieciństwa

Pewne rzeczy, w które wierzymy, są pozytywne i cenne. Takie myśli, jak na przykład: „Rozejrzyj się w obie strony, nim wejdziesz na jezdnię", są nam pomocne w ciągu całego życia.

Są też inne przekonania, bardzo pożyteczne w dzieciństwie i młodości, które jednak w miarę naszego dorastania tracą na swojej aktualności. „Nie ufaj obcym" – to dobra rada dla małego dziecka, lecz podtrzymywanie tego przekonania przez dorosłego prowadzi go do izolacji i samotności.

Dlaczego tak rzadko pytamy siebie: „Czy naprawdę tak jest?" Na przykład, dlaczego wierzymy w to, że: „Nauka sprawia mi trudności", „Czy to dotyczy mnie również teraz?", „Skąd się to przekonanie wzięło?", „Czy w dalszym ciągu wierzę w to, ponieważ nauczyciel w pierwszej klasie wielokrotnie mi to powtarzał?", „Czy nie byłoby lepiej, gdybym zrezygnowała z tego przekonania?"

Przekonanie, iż „Chłopcy nie płaczą", a „Dziewczynki nie wspinają się na drzewa" powoduje, że mężczyźni kryją swoje uczucia, kobiety zaś obawiają się swej fizycznej słabości.

Jeśli nauczono nas w dzieciństwie, że świat jest przerażający, to wszystkie posłyszane potwierdzenia tego przekonania będziemy przyjmowali jako prawdę. To samo dotyczy myśli: „Nie ufaj obcym", „Nie wychodź wieczorem" lub: „Ludzie oszukują cię".

Z drugiej strony, jeśli nauczono by nas w dzieciństwie, że świat jest bezpiecznym miejscem, wytworzyłoby się w nas inne przekonanie. Moglibyśmy sądzić, że miłość jest wszędzie, ludzie są mili i zawsze dostaniemy to, czego pragniemy.

Jeśli w dzieciństwie wpojono ci przekonanie: „To wszystko twoja wina", to bez względu na to, co się dzieje, zawsze będzie towarzyszyło ci poczucie winy. Twoje przekonanie zmieni cię w osobę zawsze „przepraszającą za to, że żyje".

Jeśli w dzieciństwie wpojono ci przekonanie: „Ja się nie liczę", to zawsze będzie ono sprawiało, że znajdziesz się na szarym końcu w każdej sytuacji. Przeżyłam w dzieciństwie podobne doświadczenie, gdy zabrakło dla mnie ciastka. Czasami, gdy inni nas nie dostrzegają, mamy wrażenie, jakbyśmy byli niewidzialni.

Czy wydarzenia z dzieciństwa nauczyły cię wierzyć: „Nikt mnie nie kocha"? Jeśli tak, z pewnością pozostaniesz samotny. Nawet jeśli zdobędziesz przyjaciela lub zwiążesz się z kimś uczuciowo, będzie to krótkotrwałe. Czy twoja rodzina wpoiła ci przekonanie: „Nie wystarcza nam"? Jeśli tak, jestem pewna, iż często masz poczucie, że twoja spiżarnia jest pusta, lub stwierdzasz, że coś cię omija albo że jesteś w długach.

Miałam kiedyś pacjenta, który wychowywał się w rodzinie przeświadczonej o tym, że wszystko jest źle i może być tylko gorzej. W życiu najbardziej bawiła go gra w tenisa, dopóki nie doznał urazu kolana. Odwiedzał wielu lekarzy, bez rezultatu. Noga sprawiała coraz więcej kłopotów. W końcu nie mógł już grać wcale.

Ktoś inny wychowany był w domu kaznodziei i jako dziecku wpajano mu przekonanie o pierwszeństwie innych. Rodzina kaznodziei była zawsze na samym końcu. Obecnie pomaga on wspaniale swym klientom w robieniu interesów, lecz sam tkwi w długach i ma ledwie parę groszy w kieszeni. Jego przekonanie w dalszym ciągu stawia go na samym końcu, za innymi.

To, w co wierzysz, staje się prawdą

Jakże często mówimy: „Po prostu taki już jestem" lub: „Tak to już jest". Te charakterystyczne sformułowania świadczą w rzeczywistości o tym, w co wierzymy i co jest naszą prawdą. Zazwyczaj to, o czym jesteśmy przekonani, jest tylko opinią kogoś innego, opinią, którą mimo woli włączyliśmy do naszego systemu poglądów. Bez wątpienia pasowała ona do wszystkich innych naszych przekonań.

Czy jesteś jednym z tych wielu ludzi, którzy wstając rano i widząc deszcz mówią: „Och, jeszcze jeden okropny dzień"?

To *nie jest* jeszcze jeden okropny dzień. To tylko mokry dzień. Jeśli założycie odpowiednie ubranie i zmienicie swoje nastawienie, możecie nieźle się bawić w ten deszczowy dzień. Jeśli rzeczywiście jesteście przekonani, że dni deszczowe są okropne, to zawsze będziecie witać taki dzień bez zapału. Będziecie walczyć z pogodą zamiast korzystać z tego, co niesie ze sobą chwila.

Nie ma pogody „dobrej" lub „złej". Jest po prostu pogoda oraz nasze indywidualne reakcje na nią.

Jeśli chcemy mieć radosne życie, musimy skoncentrować nasze myśli na radości. Jeśli chcemy pomyślnego życia, powinniśmy myśleć o pomyślności. Jeśli chcemy życia w miłości, niech nasze myśli będą przepełnione miłością. *Cokolwiek wyrażamy myślą bądź słowem, urzeczywistni się dla nas w podobnej postaci.*

Każda chwila jest nowym początkiem

Powtarzam: *dysponujesz mocą, którą możesz posłużyć się w każdej chwili.* Nic nie trzyma cię w miejscu. Tym miejscem, w którym dokonują się zmiany, właśnie tu i właśnie teraz, *są nasze umysły!* Nie ma znaczenia, jak długo hołdowaliśmy negatywnym wzorcom, chorowaliśmy, nasze związki z innymi ludźmi były złe, nie mieliśmy pieniędzy lub nienawidziliśmy siebie. Dzisiaj możemy zacząć to zmieniać!

Twój problem nie musi być już prawdą dla ciebie. Może teraz maleć, aż zniknie zupełnie. Możesz tego dokonać. Pamiętaj: *twoje myśli zależą tylko od ciebie.* Tylko ty masz moc i władzę w swoim świecie!

Twoje myśli i przekonania z przeszłości stworzyły ten moment i wszystkie inne, aż do chwili obecnej. Przekonania, myśli i słowa, które zdecydujesz się wybrać teraz, będą tworzyły nową chwilę, następny dzień, przyszły miesiąc i rok.

Tak, kochani! Dam wam najwspanialszą radę zrodzoną z mego wieloletniego doświadczenia, choć wy możecie nadal myśleć po staremu, odmówić dokonania zmian i tkwić w swoich problemach.

Tylko ty masz władzę w swoim świecie! Będziesz miał to, na co nastawiasz swoją myśl.

W tej chwili rozpoczyna się nowy proces. Każdy moment jest nowym początkiem, a ta chwila jest nowym początkiem dla ciebie, właśnie tu i teraz. Wspaniale jest to wiedzieć! Ta chwila *ujawnia twoją moc!* W tej chwili zaczynają się zmiany!

Czy to prawda?

Zatrzymaj się na moment i uchwyć swoją myśl. O czym myślisz teraz? Jeśli prawdą jest, że twoje myśli kształtują życie, to czy nie zechciałbyś już teraz zacząć tworzenia czegoś, co mogłoby stać się prawdą dla ciebie? Jeśli martwisz się, złościsz, czujesz się zraniony, myślisz o rewanżu lub boisz się, to jak sądzisz, co cię spotka?

Niełatwo jest uchwycić i zatrzymać myśli, które tak szybko biegną. Jednakże teraz możemy od razu zacząć je obserwować i słuchać tego, co mówimy. Jeśli usłyszysz samego siebie mówiącego coś negatywnego, zatrzymaj się w pół słowa. Przekształć to zdanie lub zmień je od razu. Możesz mu także powiedzieć: „Jazda stąd!"

Wyobraź sobie, że stoisz w kolejce w barze lub przed suto zastawionym stołem luksusowego hotelu, gdzie zamiast różnych dań podano myśli. Możesz wybrać sobie, co tylko chcesz, według własnego uznania. Myśli te stworzą twoje przyszłe doświadczenia. Jeśli wybierzesz myśli tworzące problemy i ból, będzie to głupotą. To tak, jakbyś decydował się na jedzenie, po którym rozboli cię żołądek. Możemy to zrobić raz czy dwa, ale z chwilą kiedy przekonamy się, że jakieś pożywienie nam nie służy, nie decydujemy się na nie więcej. Tak samo ma się rzecz z myślami. *Trzymajmy się z dala od myśli tworzących problemy i ból.*

Jeden z moich dawnych nauczycieli, dr Raymond Charles Baker, zwykł mawiać: „Jeśli pojawia się jakiś problem, nie chodzi o to, by coś z nim zrobić, ale by go rozpoznać".

Nasze umysły tworzą przyszłość. Jeśli obecnie jesteśmy w niepożądanej sytuacji, to musimy użyć naszego umysłu, aby ją zmienić. A zmiany możemy zacząć właśnie w tej chwili.

Jest moim głębokim pragnieniem, aby temat: „Jak działają twoje myśli" był jednym z pierwszych przedmiotów nauczania w szkole. Nigdy nie rozumiałam, jaki jest sens uczenia dzieci na pamięć dat bitew. Wydaje się to marnowaniem energii umysłowej. Zamiast tego moglibyśmy je nauczyć innych ważnych przedmiotów: „Jak pracuje umysł", „Jak radzić sobie finansowo", „Jak inwestować pieniądze, aby stworzyć sobie finansowe zabezpieczenie", „Jak być rodzicami", „Jak tworzyć dobre związki uczuciowe" oraz „Jak tworzyć i utrzymywać dobrą samoocenę i poczucie własnej wartości".

Czy możecie sobie wyobrazić, jak wyglądałoby całe pokolenie dorosłych, gdyby w szkole uczono ich tych przedmiotów obok normalnego programu nauczania? Pomyślcie, jak te prawdy mogłyby się ujawnić w ich życiu. Mielibyśmy szczęśliwych ludzi, o dobrym samopoczuciu. Ludzi, którzy umieliby obchodzić się z pieniędzmi, a umiejętnie inwestując przyczynialiby się do ekonomicznego rozwoju społeczeństwa. Tworzyliby harmonijne stosunki z innymi ludźmi i czuliby się dobrze w roli rodziców, a dzięki temu mogliby wychować następne pokolenia, które z kolei cieszyłyby się dobrym samopoczuciem, nie tracąc nic ze swojej indywidualności, i mogłyby swobodnie wyrażać swoje twórcze możliwości. Nie ma czasu do stracenia. Zabierajmy się do dalszej pracy.

W bezkresie życia, w którym jestem,
wszystko jest doskonałe,
całkowite i pełne.
Nie chcę już wierzyć w dawne ograniczenia i braki.
Teraz będę widział siebie takim, jakim widzi mnie
Wszechświat – doskonałym, całkowitym i zupełnym.
Prawda mojego bytu jest taka, że zostałem stworzony
w sposób doskonały, całkowity i pełny.
Jestem już teraz doskonały, całkowity i zupełny.
I zawsze będę takim doskonałym,
całkowitym i skończonym bytem.
Chcę teraz układać swoje życie zgodnie z tą świadomością.
Jestem we właściwym miejscu, we właściwym czasie i to,
co robię, jest właściwe.
Wszystko jest dobre w moim świecie.

 *Rozdział V*

Co teraz robimy?

„Widzę moje wzorce myślowe
i decyduję się dokonać w nich zmian".

Zdecydujmy się zmienić

W tym momencie wiele osób z przerażeniem załamuje ręce, widząc, jaki bałagan panuje w ich życiu, i poddaje się. Inni złoszczą się na siebie czy na życie i też rezygnują.

Mówiąc o rezygnacji mam na myśli konkluzję: „To beznadziejne i niemożliwe, aby dokonać jakichkolwiek zmian, więc po co próbować". A następnie mówisz sobie: „A więc niech będzie tak, jak jest. Przynajmniej wiem, jak dawać sobie radę z tym bólem. Nie lubię go, ale go znam i mam nadzieję, że nie będzie już gorzej".

Według mnie zwyczaj wpadania w złość przypomina upór ucznia, który siedzi w oślej ławce. Nie wydaje się wam to znajome? Coś się wydarzyło i jesteście wściekli. Znowu coś was spotyka i ponownie jesteście źli. Jeszcze coś się wam przytrafia i znowu wpadacie w złość. Ale wasze reakcje nigdy nie wykraczają poza uczucie wściekłości.

Co dobrego z tego wynika? Ciągłe wpadanie w złość jest głupią reakcją i stratą czasu. To także odmowa widzenia świata w nowy i inny sposób.

Większą korzyść przyniesie ci postawienie sobie pytania, w jaki sposób tworzysz tak wiele sytuacji, w których wpadasz w złość?

Jakie twoje przekonania powodują wszystkie te frustracje? Co takiego jest w twoim sposobie bycia, co takiego wysyłasz, co wzbudza u innych potrzebę irytowania cię? Dlaczego uważasz, że życie musi polegać na wpadaniu w złość? Cokolwiek z siebie dajemy, wraca do nas. Im więcej wysyłasz gniewu, tym więcej tworzysz sytuacji, w których jesteś zły, zupełnie tak jak ten uparty uczeń z oślej ławki, który niczego nie chce się nauczyć. Czy ten akapit wzbudza w was uczucie złości? To dobrze! A więc to był celny strzał! Może właśnie to chcielibyście w sobie zmienić.

Podejmijmy decyzję, że „chcemy się zmienić"

Jeśli rzeczywiście chcecie wiedzieć, jak bardzo jesteście uparci, zastanówcie się, czy *chcecie się zmienić*. Wszyscy chcemy, aby nasze życie się zmieniło, aby stało się lepsze i łatwiejsze, ale tak, żebyśmy pozostali *tacy sami*, nie musieli się zmienić. Wolelibyśmy raczej, aby świat wokół nas się zmienił. Ale aby to nastąpiło, *musimy sami zmienić się wewnętrznie*. Musimy zmienić nasz sposób myślenia, mówienia, wyrażania samych siebie. Tylko wtedy dokonają się zmiany na zewnątrz nas.

To jest następny etap. Mamy już jasność, jakie są nasze problemy i jakie jest ich pochodzenie. Teraz nadszedł czas, abyśmy *chcieli się zmienić*.

Ja sama zawsze miałam tendencję do uporu. Nawet teraz czasami, gdy decyduję się coś zmienić w swoim życiu, ten upór wychodzi ze mnie. Bardzo silnie opieram się zmianie swoich myśli. Przez pewien czas usiłuję usprawiedliwiać się, złościć lub wycofać.

Tak, to w dalszym ciągu tkwi we mnie, po tylu latach pracy nad sobą. To jedna z moich życiowych lekcji. Jednakże, ilekroć się to teraz wydarza, zdaję sobie sprawę, że dotykam najważniejszego punktu w procesie zmiany. Za każdym razem, gdy decyduję się zmienić coś w swoim życiu, aby uwolnić się od czegoś jeszcze, schodzę coraz głębiej w siebie, żeby tego dokonać.

Każda stara warstwa musi zostać usunięta, by można ją było zastąpić nowym myśleniem. Czasem jest to łatwe, czasem zaś wymaga ogromnego wysiłku.

Im bardziej nieustępliwie trzymam się jakiegoś starego przekonania, gdy mówię, że chcę się zmienić, tym lepiej wiem, jak bardzo zależy mi na uwolnieniu się od niego. Tylko ucząc się sama, mogę pouczać innych. Jestem przekonana, że wielu dobrych nauczycieli nie pochodzi ze szczęśliwych domów, gdzie wszystko jest łatwe. Wywodzą się z domów wypełnionych bólem i cierpieniem i ciężko pracowali nad „warstwami" swej podświadomości, by osiągnąć taki stan, który pozwala im teraz pomagać innym w uwolnieniu się od problemów.

Większość dobrych nauczycieli nadal pracuje nad sobą, nad usuwaniem swoich coraz głębszych ograniczeń. To staje się ich zadaniem na całe życie.

Mój sposób pracy nad uwalnianiem się od starych przekonań, który praktykuję do dziś, różni się od dawnego głównie tym, że teraz nie muszę się złościć na samą siebie, gdy mam to zrobić. Od dawna nie myślę o sobie, że jestem złym człowiekiem, ponieważ znalazłam jeszcze coś, co muszę w sobie zmienić.

Sprzątanie domu

Praca nad moim umysłem, jaką teraz wykonuję, przypomina sprzątanie domu. Przechadzam się po pokojach mojego umysłu i poddaję ocenie swoje myśli i przekonania. Niektóre podobają mi się, więc pucuję je i czyszczę, czyniąc je bardziej użytecznymi. Inne wymagają wymiany lub naprawy, doglądam ich więc, jak umiem. Jeszcze inne przypominają wczorajsze gazety i stare tygodniki lub ubrania od dawna nie nadające się do noszenia. Oddaję je lub wyrzucam do śmieci i zapominam o nich na zawsze.

Nie trzeba złościć się na siebie lub uważać się za złą osobę tylko dlatego, że dom wymaga sprzątania.

Ćwiczenie: Pragnę się zmienić

Posłużmy się afirmacją: „Pragnę się zmienić". Powtarzaj ją często. „Pragnę się zmienić. Pragnę się zmienić". Wypowiadając to zdanie możesz dotykać gardła. Gardło jest ośrodkiem energii w ciele, ośrodkiem, w którym dokonują się zmiany. Przez dotykanie swojego gardła potwierdzasz fakt dokonywania się zmian.

Bądźcie przychylni zmianom, gdy pojawi się ich konieczność w waszym życiu. Bądźcie świadomi, iż w tej sferze życia, gdzie powstaje sygnał *NIE CHCĘ ZMIANY*, ujawnia się właśnie ten obszar, w którym zmiana jest najbardziej *POTRZEBNA*. „Pragnę się zmienić".

Kosmiczna Inteligencja zawsze reaguje na nasze myśli i słowa. Gdy zaczniemy wypowiadać te afirmacje, bieg spraw zdecydowanie zacznie się zmieniać.

Wiele sposobów dokonywania zmian

Praca nad swoimi myślami nie jest jedynym sposobem dokonywania zmian. Jest wiele innych metod dających równie dobre rezultaty. Na końcu książki zamieszczam listę innych podejść wartych zastosowania w indywidualnym procesie rozwoju.

Zastanówcie się nad kilkoma z nich. Jest podejście duchowe, umysłowe i fizyczne. Uzdrawianie holistyczne traktuje łącznie ciało, umysł i ducha. Można zacząć od którejkolwiek z tych dziedzin, włączając powoli pozostałe. Można zacząć od dziedziny psychicznej, korzystając z treningów lub terapii. Można też zacząć od sfery duchowej, stosując modlitwy i medytacje.

Kiedy przystępujesz do *sprzątania domu*, nie ma właściwie znaczenia, od którego pokoju zaczniesz. Zacznij od miejsca, które tego najbardziej wymaga. Pozostałe będą się oczyszczały niejako samoistnie.

Osoby bez zastanowienia jedzące potrawy tłuste i niezdrowe, a rozpoczynające zmiany od poziomu duchowego, często nabierają zainteresowania właściwą dietą. Od przyjaciół, z książek lub wykładów dowiadują się, że to, czym zapełniają żołądek, ma istotny wpływ na ich samopoczucie i wygląd. Jedna sfera prowadzi do drugiej, o ile chcemy zmieniać się i rozwijać.

Moje rady dotyczące żywienia są bardzo ograniczone. Odkryłam bowiem, że każdy system żywienia jest odpowiedni tylko dla pewnych ludzi. Znam wielu dobrych terapeutów-dietetyków, specjalizujących się w leczeniu holistycznym, i polecam swoim pacjentom kontaktowanie się z nimi, kiedy dochodzę do wniosku, że zmiana sposobu odżywiania jest konieczna. W takim przypadku sami powinniście znaleźć sobie najdogodniejszą drogę lub poradzić się specjalisty, który mógłby was przebadać.

Wiele książek na temat żywienia napisały osoby, które ciężko chorując wypracowały sobie własny sposób na uzdrowienie. Chciały się podzielić swoimi metodami. Jednakże każdy z nas jest inny.

Na przykład dieta makrobiotyczna i oparta na naturalnych surowych produktach to dwa całkowicie różne podejścia. Osoby stosujące pożywienie w stanie naturalnym, surowym, niczego nie gotują, rzadko jedzą chleb lub ziarna, zwracają uwagę na niełączenie owoców i warzyw podczas jednego posiłku. I nigdy nie używają soli. Żywność makrobiotyczna natomiast jest zawsze gotowana. Ludzie stosujący ją mają zróżnicowany sposób łączenia jedzenia i używają dużo soli. Oba systemy zdają egzamin i mają działanie uzdrawiające. Lecz nie zawsze mogą być przez każdego stosowane.

Moja zasada odżywiania się jest prosta. Jem to, co rośnie. Jeśli coś nie rośnie, nie jem tego.

Zwracajcie uwagę na to, co jecie, tak jak zwraca się uwagę na swoje myśli. Nauczcie się rozróżniać reakcje swojego organizmu na różnego typu pokarmy.

Sprzątanie domu swego umysłu po długim okresie ulegania negatywnym myślom przypomina nieco przejście na dobrą dietę po wielu latach niezdrowego sposobu odżywiania się. Obydwie sprawy mogą doprowadzić do stanu kryzysowego w procesie uzdrawiania. Z chwilą gdy zaczynacie zmieniać dietę, ciało zaczyna wydalać nagromadzone szkodliwe składniki, to zaś powoduje, że przez kilka dni możecie czuć się gorzej. Podobnie, gdy podejmujecie decyzję o zmianie swoich wzorców myślowych, przez krótki czas wasza kondycja może wydawać się gorsza.

Przypomnijcie sobie jak to po świątecznej uczcie przychodzi czas na wyczyszczenie brytfanny po indyku. Jest przypalona, zaskorupiała. Kładzie się ją do wody z detergentami, aby przez chwilę w niej poleżała. Następnie przystępuje się do czyszczenia. Dopiero teraz powstaje prawdziwy bałagan. Wygląda to okropnie. Ale jeśli szorujemy ją dalej, po chwili brytfanka wygląda jak nowa. Tak samo ma się rzecz z czyszczeniem przyschniętego i zapiekłego wzorca myślowego. Kiedy nasiąka nowymi ideami, cały brud wypłukiwany jest na powierzchnię, abyśmy mogli mu się przyjrzeć. Należy tylko uparcie powtarzać nowe afirmacje i wkrótce całkowicie pozbędziemy się starego ograniczenia.

Ćwiczenie: Pragnę się zmienić

A więc podjęliśmy decyzję, że chcemy dokonać zmian i skorzystamy z wszelkich odpowiadających nam metod. Pozwólcie przedstawić sobie jedną, którą stosuję sama oraz w pracy z innymi. Po pierwsze: podejdź do lustra i patrząc w nie powiedz do siebie: „Ja chcę się zmienić".

Zwróć uwagę na swoje odczucia. Jeśli się wahasz, czujesz opór lub nie chcesz się zmienić, spytaj siebie, dlaczego tak się dzieje. Które z dawnych przekonań powstrzymuje cię? Nie besztaj siebie. Zwróć uwagę na to, co to jest. Założę się, że to przekonanie przysparza ci wiele kłopotów. Zastanawiam się, skąd się wzięło. Czy już wiesz?

Bez względu na to, czy odkryłeś przyczyny jego powstania, czy też nie, zrób coś, żeby się od razu tego pozbyć. Ponownie podejdź do lustra i patrząc głęboko we własne oczy oraz dotykając gardła powiedz głośno dziesięć razy: „Chcę uwolnić się od wszelkiego oporu".

Praca z lustrem ma wielką moc. Jako dzieci często otrzymywaliśmy od innych wiele negatywnych przekazów. Patrzyli nam prosto w oczy i być może grozili palcem. Nawet obecnie patrząc w lustro większość z nas chce powiedzieć do siebie coś negatywnego. Albo krytykujemy swój wygląd, albo złościmy się na siebie za coś. Patrzenie sobie prosto w oczy i wypowiadanie pozytywnych sądów na własny temat jest, według mnie, najszybszym sposobem osiągnięcia rezultatów w pracy z afirmacjami.

W bezkresie życia, w którym jestem,
wszystko jest doskonałe, całkowite i pełne.
Chcę teraz spokojnie i obiektywnie przyjrzeć się
moim dawnym wzorcom i pragnę dokonać zmian.
Jestem podatny na naukę. Mogę się uczyć. Chcę się zmienić.
Postanawiam, że będzie to dla mnie radosne.
Jeżeli odkryję, że jest jeszcze coś, od czego mogę się uwolnić,
będę to odkrycie traktować tak, jak odnalezienie skarbu.
Widzę i czuję, że zmieniam się z każdą chwilą.
Myśli nie mają już władzy nade mną.
Tylko ja mam władzę w moim świecie. Wybieram wolność.
W moim świecie wszystko jest dobre.

 *Rozdział VI*

Opieranie się zmianom

„Jestem w rytmie i nurcie wiecznie zmieniającego się życia".

Świadomość jest pierwszym krokiem w procesie uzdrawiania lub zmiany

Jeśli mamy w sobie jakiś głęboko ukryty wzorzec, musimy uświadomić sobie jego istnienie, aby móc uzdrowić tworzoną przezeń sytuację. Być może zaczniemy o niej wspominać, narzekać na nią lub dostrzegać ją u innych ludzi. W jakiś sposób wypływa ona na powierzchnię naszego zainteresowania i zaczynamy się do niej ustosunkowywać. Natrafiamy wówczas często na jakiegoś nauczyciela, przyjaciela, kursy, grupę warsztatową lub książkę, coś, co zaczyna nam otwierać oczy na nowe sposoby rozwiązywania naszego problemu.

Moje przebudzenie nastąpiło wskutek przypadkowej informacji zasłyszanej od jednego z przyjaciół, któremu powiedziano o pewnym spotkaniu. Sam ów przyjaciel nie poszedł na nie, mnie zaś coś podkusiło i poszłam. To małe spotkanie było pierwszym krokiem na mojej drodze rozwoju. Wagę tego wydarzenia doceniłam dopiero po pewnym czasie.

Często naszą reakcją na ten pierwszy krok jest uznanie nowej drogi za coś głupiego i bezsensownego. Być może wydaje się ona zbyt łatwa lub nie do zaakceptowania przez nasz umysł. Nie chcemy jej przyjąć. Nasz opór okazuje się bardzo silny. Możemy nawet odczuwać złość na samą myśl o zrobieniu tego.

Jest to bardzo dobra reakcja, jeżeli zrozumiemy, że stanowi pierwszy krok w procesie uzdrawiania.

Mówię ludziom, iż każda ich reakcja, jaką sobie uświadamiają, świadczy o tym, że proces uzdrowienia już się rozpoczął, chociaż całkowite uzdrowienie jeszcze nie zostało osiągnięte. Prawdą jest, że proces ten rozpoczyna się z chwilą, gdy zaczynamy myśleć o dokonaniu zmiany.

Niecierpliwość jest tylko jedną z form oporu. Oporu przeciw uczeniu się i zmianom. Gdy żądamy, aby zmiany dokonały się już teraz, od razu, i oczekujemy rezultatów natychmiastowych, wtedy nie dajemy sobie czasu na przerobienie lekcji związanej z problemem, jaki stworzyliśmy.

Jeśli chcecie przenieść się do drugiego pokoju, musicie wstać i pójść krok po kroku w jego kierunku. Siedzenie w fotelu i żądanie znalezienia się w drugim pokoju jest nie do zrealizowania. To zupełnie to samo. Wszyscy pragniemy pozbyć się problemów, ale nie chcemy wykonać tych małych czynności, dających w sumie rozwiązanie.

Teraz nadeszła pora na uznanie naszej odpowiedzialności za stworzenie danych sytuacji lub okoliczności. Nie mówię o poczuciu winy ani nie sugeruję, że jesteś „kimś złym" dlatego, że jesteś taki, jaki jesteś. Mówię o uznaniu „mocy wewnątrz nas", mocy która przekształca każdą naszą myśl w doświadczenie. W przeszłości używaliśmy tej mocy bezwiednie, by tworzyć rzeczy, których nie chcieliśmy doświadczać. Nie byliśmy świadomi tego, co robiliśmy. Teraz, uznając naszą odpowiedzialność, staliśmy się świadomi i uczymy się świadomie używać jej w pozytywny sposób, z pożytkiem dla siebie.

Często proponując pacjentowi jakieś rozwiązanie – nowy sposób podejścia do jakiejś sprawy lub wybaczenie komuś, kogo ta sprawa dotyczy – widzę zaciśnięte szczęki i ramiona kurczowo oplatające klatkę piersiową. Może nawet dłonie zaciśnięte w pięści. Opór od razu rzuca się w oczy i wiem, że dotknęliśmy samego sedna sprawy.

Wszyscy mamy lekcje do odrobienia. Sprawy, które są dla nas bardzo trudne, to tylko lekcje, które sami sobie wybraliśmy. Jeśli coś jest dla nas łatwe, nie są to lekcje, lecz sprawy, które już znamy.

Lekcje powinno się odrabiać świadomie

Jeśli myślisz o jakiejś sprawie, która jest dla ciebie najtrudniejsza do przeprowadzenia, i widzisz, jak duży jest w tobie opór przeciw temu, wtedy masz przed sobą najważniejszą lekcję do przerobienia w danej chwili. Poddanie się, zrezygnowanie z oporu i wewnętrzna zgoda na nauczenie się tej lekcji uczynią następny krok łatwiejszym. Nie pozwól, aby twój opór powstrzymał cię od dokonywania zmian. Możemy pracować na dwóch poziomach: 1) Przyglądać się swojemu oporowi i 2) Kontynuować zmiany sposobu myślenia. Obserwujcie siebie, dostrzegajcie swój opór i idźcie dalej pomimo niego.

Reakcje pozawerbalne

Nasze zachowania często ukazują nasz opór. Na przykład:
Zmieniamy temat.
Wychodzimy z pokoju.
Wychodzimy do łazienki.
Spóźniamy się.
Rozchorowujemy się.
Ociągamy się przez:
    Robienie czegoś innego.
    Wynajdywanie innych pilnych zajęć.
    Tracenie czasu.
Rozglądamy się lub wyglądamy przez okno.
Przerzucamy kartki magazynu ilustrowanego.
Odmawiamy skupienia uwagi.
Jemy, pijemy lub palimy.
Zawieramy lub kończymy znajomości.
Powodujemy psucie się samochodów, przyrządów, instalacji etc.

Założenia

Często w celu usprawiedliwienia naszego oporu z góry zakładamy pewne rzeczy lub wyobrażamy sobie negatywne zachowanie się innych osób. Oświadczamy:
To i tak na nic się nie przyda.
Mój mąż / żona nie zrozumie tego.
Musiałbym zmienić całą swoją osobowość.
Tylko wariaci chodzą do terapeutów.
Oni nie pomogą mi w moim problemie.
Oni nie dadzą sobie rady z moją złością.
Mój przypadek jest inny.
Nie chcę sprawiać im kłopotów.
Samo się jakoś rozwiąże.
Nikt tego nie robi.

Przekonania

Dorastamy z przekonaniami, które stają się przeszkodą w dokonywaniu zmian. Oto niektóre z tych ograniczających poglądów:
Tego jeszcze nie było.
To nie uchodzi.
Nie wypada mi tego robić.
To byłoby zbyt przyziemne.
Ludzie o duchowej głębi nie złoszczą się.
Mężczyźni / kobiety po prostu tego nie robią.
W mojej rodzinie nigdy tego nie było.
Miłość nie jest dla mnie.
To po prostu głupie.
To zbyt duża odległość do przejechania.
To wymaga zbyt wiele pracy.
To jest zbyt drogie.
To zabierze mi zbyt dużo czasu.
Nie wierzę w to.
Nie jestem osobą tego pokroju.

To oni

Przypisując naszą władzę innym, wyobrażamy sobie, że to oni są przyczyną naszej niechęci do zmian. Mamy takie oto wyobrażenia:

Bóg nie zaaprobuje tego.
Czekam, aż gwiazdy mi powiedzą, że tak jest w porządku.
To nie jest właściwe otoczenie.
Oni nie dadzą mi się zmienić.
Nie mam właściwego nauczyciela / książki / szkoły / narzędzi.
Mój lekarz nie zachęca mnie do tego.
Pracuję i nie mam dość wolnego czasu.
Nie chcę poddawać się czyimś magicznym zabiegom.
To wszystko ich wina.
To oni muszą się zmienić pierwsi.
Jak tylko dostanę _____, zrobię to.
Ty / oni nie rozumiesz / nie rozumieją.
Nie chcę ich zranić.
To niezgodne z moim wychowaniem, przekonaniami religijnymi, filozofią.

Wyobrażenia o samym sobie

Poglądy o nas samych stają się również ograniczeniami lub utrudnieniami w zmienianiu się. Jesteśmy więc:

Za starzy.
Za młodzi.
Za grubi.
Za chudzi.
Za niscy.
Za wysocy.
Za leniwi.
Za silni.
Za słabi.
Za głupi.

Za sprytni.
Za biedni.
Zbyt bezwartościowi.
Zbyt lekkomyślni.
Za poważni.
Zbyt zahamowani.
Być może tego już po prostu za wiele.

Taktyka polegająca na odwlekaniu

Nasz opór często wyraża się taktyką odkładania na później.
Używamy takich wymówek:
Zrobię to później.
Nie mogę teraz myśleć.
Akurat teraz nie mam czasu.
To zbytnio odciągnęłoby mnie od mojej pracy.
Tak, to dobry pomysł. Wezmę go pod uwagę innym razem.
Mam zbyt wiele innych spraw na głowie.
Pomyślę o tym jutro.
Jak tylko się uporam z...
Jak tylko wrócę z podróży.
To nie jest właściwa pora. Jest na to za wcześnie / za późno.

Zaprzeczanie

Ta forma oporu wyrażona jest wypieraniem się potrzeby dokonania jakiejkolwiek zmiany. Na przykład:
Nic złego się nie dzieje.
Nic na to nie poradzę.
Ostatnim razem zachowałem się właściwie.
Jaki pożytek przyniesie mi ta zmiana?
Jeśli to zignoruję, może problem sam się rozwiąże.

Obawa

Najważniejszą przyczyną oporu jest lęk – lęk przed nieznanym.
Posłuchajcie tylko:
Nie jestem jeszcze gotów.
Może mi się nie udać.
Mogliby mnie odrzucić.
Co pomyśleliby sąsiedzi.
Nie chcę dotykać tych nieprzyjemnych spraw.
Boję się o tym powiedzieć mojemu mężowi / żonie.
Nie wiem o tym wystarczająco dużo.
Mogłoby mnie to zranić.
To może mnie zbyt dużo kosztować.
Prędzej umrę niż…, lub – szybciej się rozwiodę niż…
Nie chcę, by ktokolwiek wiedział o moim problemie.
Obawiam się wyrazić moje uczucia.
Nie chcę o tym mówić.
Nie mam wystarczająco dużo siły.
Kto wie, jak to się może skończyć.
Mógłbym stracić swoją wolność.
To zbyt trudne do zrobienia.
Nie mam teraz wystarczająco dużo pieniędzy.
Mogłoby to zwichnąć mój kręgosłup.
I tak nie byłbym doskonały.
Mógłbym stracić przyjaciół.
Nie wierzę nikomu.
To mogłoby przynieść uszczerbek mojemu wizerunkowi.
Nie jestem dość dobry.

Tę listę można jeszcze ciągnąć dalej i dalej. Czy znajdujesz na niej także *twoje* własne sposoby stawiania oporu? Przyjrzyjcie się teraz kilku przykładom oporu.

Zgłosiła się do mnie pacjentka, ponieważ wszystko ją bolało. Złamała kręgosłup, szyję i nogę w kolanie w trzech różnych wypadkach samochodowych. Teraz spóźniła się do mnie, poplątała drogę i utknęła w korku ulicznym.

Z dużą łatwością opowiedziała mi o wszystkich swoich kłopotach, lecz z chwilą, gdy powiedziałam: „Pozwól, że ja będę przez chwilę mówić", okropnie się zdenerwowała. Soczewki kontaktowe zaczęły jej przeszkadzać. Chciała przesiąść się na inne krzesło. Musiała pójść do łazienki. Następnie musiała wyjąć szkła kontaktowe. Nie mogłam utrzymać jej uwagi już do końca sesji.

Wszystko to było skutkiem oporu. Nie była jeszcze gotowa do otworzenia się i bycia uzdrowioną. Dowiedziałam się, że jej siostra również dwukrotnie złamała kręgosłup, podobnie jak i matka.

Innym pacjentem był aktor, mim, artysta uliczny, całkiem dobry w tym, co robił. Chwalił się, jak sprytnie oszukiwał innych, w szczególności instytucje. Wiedział, jak sobie dawać radę ze wszystkim, a jednak nic mu się nie udawało. Zawsze był bez grosza, zalegał z uregulowaniem czynszu co najmniej miesiąc i często wyłączano mu telefon. Ubrany był niechlujnie, pracę dostawał od przypadku do przypadku, trapiły go różne bóle, sprawy uczuciowe zaś nie istniały.

Wymyślił sobie teorię, iż nie może przestać oszukiwać, dopóki nie spotka go w życiu coś dobrego. Oczywiście to, co z siebie emanował, nie mogło sprowadzić niczego dobrego do jego życia. Najpierw musiał przestać oszukiwać.

Jego opór polegał na tym, że nie był gotów pozbyć się starych nawyków.

Zostawcie swoich przyjaciół w spokoju

Zbyt często, zamiast pracować nad zmienieniem siebie, decydujemy, kto z naszych przyjaciół potrzebuje zmiany. To także jest forma oporu.

We wczesnym okresie mojej pracy miałam pacjentkę, która wysyłała mnie do wszystkich swoich przyjaciół w szpitalu. Zamiast posyłać im kwiaty, wolała wysyłać tam mnie, abym rozwiązywała ich problemy. Przybywałam z magnetofonem w ręku, zazwyczaj znajdując w łóżku kogoś, kto nie miał pojęcia, po co do niego przyszłam i co mam zamiar zrobić. Działo się to, zanim nauczyłam się nie pracować z nikim, kto bezpośrednio nie zwrócił się do mnie.

Niektórzy pacjenci zgłaszali się do mnie na polecenie przyjaciół, którzy wykupili im w formie prezentu wizytę u mnie. To jednak nie zawsze zdawało egzamin i osoby te rzadko kontynuowały pracę. Gdy coś przynosi pozytywne rezultaty nam samym, chcemy często podzielić się tym z innymi. Osoby te jednak nie zawsze są gotowe, by w tym akurat czasie dokonać takich zmian. Jest sprawą wystarczająco trudną zmienianie nas samych, gdy tego chcemy, a próbować zmieniać kogoś innego, gdy on tego nie chce, jest po prostu niemożliwością i może zniszczyć nawet bliską przyjaźń. Zajmuję się moimi pacjentami, bo sami zgłaszają się do mnie. Moich przyjaciół zaś zostawiam w spokoju.

Praca z lustrem

Lustra odbijają nasze uczucia do siebie. Ukazują dokładnie te obszary, które wymagają zmian, jeśli mamy wieść życie radosne i pełne.

Zachęcam wszystkich, by ilekroć przechodzą koło lustra, spojrzeli w swoje oczy i powiedzieli coś dobrego o sobie. Najlepszym sposobem stosowania afirmacji jest wypowiadanie ich na głos, patrząc w lustro. Uświadamiamy sobie wtedy natychmiast nasz opór i tym samym możemy go szybciej pokonać. Dobrze jest też mieć lustro przed sobą podczas czytania tej książki. Używajcie go często, gdy czytacie afirmacje, i sprawdzajcie, w którym momencie powstaje w was opór, a kiedy się otwieracie i pozwalacie swobodnie przepływać myślom.

A teraz spójrz w lustro i powiedz do siebie: „Pragnę się zmienić".

Zwróć uwagę na swoje odczucia. Jeśli się wahasz, opierasz lub nie chcesz zmiany, spytaj dlaczego. Jakiego starego przekonania kurczowo się trzymasz? Nie pora jednak, aby łajać siebie. Zwróć jedynie uwagę na to, co się dzieje, i jakie przekonanie wypływa na powierzchnię. To ono przysparza ci wielu kłopotów. Czy wiesz, skąd się bierze?

Jeśli wypowiadamy afirmacje, a one wydają się nam nieprawdziwe lub na pozór nic się nie dzieje, łatwo jest stwierdzić: „Och, afirmacje nie działają". Nie w tym rzecz, że one nie działają. Po prostu powinniśmy zrobić jeszcze jakiś inny krok, zanim przystąpimy do afirmacji.

Powtarzane wzorce wskazują na nasze potrzeby

Każde nasze przyzwyczajenie, każde doświadczenie wielokrotnie spotykające nas w życiu, każdy wzorzec, jaki powtarzamy, jest odpowiedzią na NASZĄ WEWNĘTRZNĄ POTRZEBĘ. Potrzeba ta odpowiada pewnemu naszemu przekonaniu. Gdyby nie było potrzeby, nie mielibyśmy takich zdarzeń, nie robilibyśmy tego, co robimy, nie bylibyśmy tacy, jacy jesteśmy. Jest w nas coś, co powoduje, że jesteśmy grubi, że mamy złe związki uczuciowe, robimy błędy, palimy papierosy, czujemy złość, żyjemy w biedzie, jesteśmy poniewierani lub że dzieje się cokolwiek innego, co staje się dla nas problemem. Ile razy mówiliśmy sobie: „Nigdy więcej tego nie zrobię". A potem, nim skończy się dzień, sięgamy po ciastko, palimy papierosy, wygadujemy okropne rzeczy komuś, kogo kochamy itd. Następnie pogarszamy jeszcze cały problem, mówiąc ze złością do siebie: „Nie masz wystarczająco dużo silnej woli, żadnej dyscypliny. Jesteś po prostu słaby". To zaś powiększa tylko nasze poczucie winy.

Nie ma to nic wspólnego z siłą woli lub dyscypliną

To, od czego próbujemy się w naszym życiu uwolnić, jest tylko symptomem, zewnętrznym efektem tego, co tkwi głębiej w nas. Próby usunięcia symptomu bez pracy nad rozwiązaniem przyczyny są bezsensowne. Z chwilą gdy zapomnimy o sile woli lub dyscyplinie, symptom pojawi się znowu.

Chęć uwolnienia się od potrzeby

Mówię pacjentowi: „W tobie musi być jakaś potrzeba powodująca tę sytuację, w przeciwnym wypadku nie doszłoby do niej. Cofnijmy się o krok i popracujmy nad *CHĘCIĄ UWOLNIENIA SIĘ OD TEJ POTRZEBY*. Skoro pozbędziesz się potrzeby, nie będziesz pożądał papierosa, nadmiernej ilości jedzenia lub negatywnego wzorca".

Jedna z pierwszych afirmacji, jaką należy zastosować, brzmi: „Chcę uwolnić się od *POTRZEBY* stawiania oporu lub bólu głowy, lub zatwardzenia, lub nadwagi, lub braku pieniędzy, lub czegokolwiek innego". Powiedz: „Jestem gotów uwolnić się od potrzeby ...". Jeśli już w tym momencie poczujesz opór, to żadne inne afirmacje nie będą skuteczne. Pajęczyna, którą snujemy wokół siebie, musi być usunięta. Jeśli kiedykolwiek rozplątywaliście kłębek sznurka, wiecie, że szarpanie i ciągnięcie utrudnia tę czynność. Trzeba bardzo spokojnie i cierpliwie rozplątywać kolejne supły. Bądźcie spokojni i cierpliwi w stosunku do siebie podczas rozplątywania swoich psychicznych supłów. Poproście o pomoc, jeśli będzie wam potrzebna. A przede wszystkim okazujcie sobie miłość w tym, co robicie. *Gotowość* do uwolnienia się od przeszłości jest tu kluczem. Na tym polega sekret.

Kiedy mówię o „potrzebie problemu", mam na myśli, iż „potrzebujemy" pewnych zewnętrznych doświadczeń zgodnie z naszym szczególnym zestawem wzorców myślowych. Każdy zewnętrzny efekt i doświadczenie jest naturalnym sposobem wyrażania wewnętrznego wzorca myślowego. Zwalczanie tylko zewnętrznego efektu lub symptomu jest stratą energii, a częstokroć ten problem powiększa.

Myśl: „Jestem bezwartościowy" powoduje ociąganie się

O ile jednym z moich wewnętrznych przekonań lub wzorców myślowych jest: „Jestem bezwartościowy", to jednym z zewnętrznych efektów będzie prawdopodobnie ociąganie się. Ostatecznie, zwlekanie z zabraniem się do czegokolwiek jest jednym ze sposobów powstrzymywania się od realizacji deklarowanych celów. Wiele osób traci dużo czasu i energii na besztanie siebie z powodu ociągania się. Wymyślają sobie od „leni" i ogólnie dają sobie odczuć, że są „złymi osobami".

Uraza spowodowana czyimś dobrem

Miałam pacjenta, który uwielbiał skupiać na sobie uwagę i zazwyczaj przychodził na zajęcia spóźniony po to, by wywołać zamieszanie.

Był jednym z osiemnaściorga dzieci i zwykle wszystko dostawał jako ostatni. Jako dziecko obserwował to, co mają inni, jednocześnie tęskniąc za otrzymaniem tego, co mu się należało. Nawet teraz nie podziela radości ludzi, którym się powiedzie. Stwierdza jedynie: „Och, chciałbym też to mieć" lub: „Och, dlaczego ja nigdy tego nie miałem". Uraza spowodowana czyimś powodzeniem była przeszkodą w jego własnym rozwoju i zmianie.

Poczucie własnej wartości otwiera wiele drzwi

Pewnego razu pojawiła się u mnie siedemdziesięciodziewięcioletnia kobieta. Uczyła śpiewu. Wielu jej uczniów występowało w reklamach telewizyjnych. Sama też miała na to ochotę, lecz obawiała się spróbować. Podtrzymałam ją na duchu i wytłumaczyłam: „Nie ma drugiej takiej osoby jak ty. Bądź sobą". Dodałam: „Zrób to dla zabawy. Z pewnością są ludzie czekający właśnie na to, co możesz zaoferować. Daj im znać o swoim istnieniu".

Zadzwoniła do kilku agentów i reżyserów mówiąc: „Jestem seniorką, starszą osobą i chcę występować w reklamie". Wkrótce uzyskała możność wzięcia udziału w nagraniu i od tamtej pory bez przerwy pracuje. Często widzę ją w telewizji oraz w magazynach ilustrowanych. Nową karierę zawodową można rozpocząć w każdym wieku, zwłaszcza jeśli robi się to dla przyjemności.

Krytykowanie siebie to całkowicie błędna droga

Wzmaga tylko ociąganie się i lenistwo. Należy skoncentrować energię mentalną na porzucenie starego i stworzenie nowego wzorca. Powiedz: *„Chcę uwolnić się od potrzeby bycia kimś bezwartościowym. Jestem godny tego, co w życiu najlepsze, i teraz mogę sobie na to pozwolić".*

„Jeżeli przez kilka dni będę powtarzał tę afirmację, zewnętrzne efekty mojego wzorca odkładania na później automatycznie zaczną zanikać".

„Skoro to ja tworzę mój wewnętrzny wzorzec własnej wartości, nie ma już potrzeby odwlekania mego dobra".

Czy widzicie, jak można zastosować to do niektórych negatywnych wzorców lub zewnętrznych efektów w waszym życiu? Przestańmy tracić czas i energię pomniejszając siebie za coś, na co nie ma rady, jeśli mamy właśnie takie wewnętrzne przekonania. *Zmieńmy przekonania.*

Bez względu na to, jak do tego podejdziesz lub o jaką sferę spraw będzie chodziło, mamy tu do czynienia tylko z myślami, a myśli mogą być zmienione.

Jeżeli chcemy zmienić jakąś sytuację, powinniśmy powiedzieć: „Chcę odrzucić ten mój wewnętrzny wzorzec, który odpowiada za stworzenie takiej sytuacji".

Możesz to powtarzać wielokrotnie, ilekroć myślisz o swojej chorobie lub problemie. Z chwilą wypowiadania tego zdania wychodzisz jak gdyby z roli ofiary. Nie jesteś już bezradny, potwierdzasz swoją własną moc. Mówisz: „Zaczynam rozumieć, że ja sam to stworzyłem. Teraz odbieram tym ideom władzę, która należy do mnie. Mam zamiar porzucić ten stary sposób myślenia i pozwolić mu odejść".

Samokrytycyzm

Mam pacjentkę, która w chwilach, kiedy nie może sobie poradzić z napływem negatywnych myśli, zjada ćwiartkę masła i wszystko, co jej wpadnie w ręce. Następnego dnia jest wściekła na siebie z powodu nadwagi. Kiedy była małą dziewczynką, potrafiła obejść cały stół i wyjadać pozostawione na talerzach resztki jedzenia oraz całe porcje masła. Rodzina zaśmiewała się i chwaliła ją za spryt. Była to jedna z nielicznych pochwał otrzymywanych przez dziewczynkę od rodziny.

Gdy siebie karcicie, gdy macie sobie za złe, kiedy się sami „zagryzacie" – czy zastanowiliście się kogo traktujecie w ten sposób?

Prawie całe nasze zaprogramowanie, tak negatywne, jak i pozytywne, zostało zapisane w naszym wnętrzu, kiedy byliśmy w wieku około trzech lat. Nasze późniejsze doświadczenia opierały się na tym, co przyjęliśmy i w jakie prawdy o samych sobie i o życiu wówczas uwierzyliśmy. Sposób, w jaki nas traktowano, kiedy byliśmy mali, jest zazwyczaj sposobem, w jaki traktujemy sami siebie. Osoba, którą karzesz, jest trzyletnim dzieckiem w tobie.

Jeśli jesteś zły na siebie z powodu obawy i strachu – pomyśl o sobie jak o trzyletnim dziecku. Gdybyś miał przed sobą takie przestraszone trzyletnie dziecko, co byś uczynił? Gniewałbyś się na nie czy też przytulił do siebie, uspokoił i pocieszył? Dorośli żyjący wokół was w odległych czasach dzieciństwa nie wiedzieli, być może, jak was uspokoić. Teraz ty jesteś tym dorosłym i jeśli nie uspokoisz dziecka w sobie, to jest to rzeczywiście bardzo smutne.

Co było, to było; przeszło, minęło. W chwili obecnej masz możność zajęcia się sobą w sposób dla siebie najdogodniejszy. Przerażone dziecko potrzebuje uspokojenia, nie zaś skarcenia. Karcenie samych siebie powoduje jeszcze większy przestrach, od którego nie ma dokąd uciec. Jeśli dziecko w tobie czuje się niepewnie, uczucie to powoduje dużo kłopotów. Przypomnijcie sobie, jak się czuło zbagatelizowane, kiedy byliście mali. Obecnie czuje się tak samo wewnątrz ciebie.

Bądź uprzejmy dla siebie. Zacznij siebie kochać i akceptować. To jest to, co małemu dziecku jest najbardziej potrzebne, by mogło wyrażać jak najlepiej wszystkie swoje możliwości.

W bezkresie życia, w którym jestem, wszystko jest doskonałe,
całkowite i pełne.
Widzę wszystkie moje wzorce oporu jako coś,
co powinienem porzucić.
Nie mają już nade mną władzy.
Tylko ja mam władzę w moim świecie.
Pozwalam się nieść zmianom,
które umożliwiają mi najlepsze życie, na jakie mnie stać.
Akceptuję siebie i sposób, w jaki się zmieniam.
Czynię to najlepiej, jak potrafię.
Każdy dzień staje się łatwiejszy.
Raduję się, że jestem obecny w rytmie i nurcie
nieustannie zmieniającego się życia.
Dzisiaj jest piękny dzień. Tak postanawiam.
W moim świecie wszystko jest dobre.

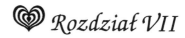 *Rozdział VII*

Jak się zmienić

„Przekraczam mosty z radością i łatwością".

Uwielbiam pytania „jak to zrobić?" Każda teoria na świecie jest bezużyteczna dopóty, dopóki nie wiemy, jak ją zastosować w praktyce i dokonać zmiany. Zawsze byłam pragmatyczką, osobą praktyczną, która koniecznie musi wiedzieć, jak należy coś zrobić.

Zasadnicze sprawy, nad którymi obecnie będziemy pracować, to:

Podtrzymanie gotowości odpuszczenia sobie i innym.

Kontrolowanie umysłu.

Uczenie się, że wybaczanie sobie i innym przynosi nam ulgę.

Wyzwalanie się od potrzeby

Czasami, kiedy próbujemy uwolnić się od jakiegoś wzorca myślowego, cała sytuacja pogarsza się na krótko. Nie ma w tym nic złego. To znak, że sytuacja zaczyna się zmieniać. Nasze afirmacje działają i musimy dalej nad tym pracować.

Przykłady

Pracujemy nad poprawą sytuacji materialnej, a gubimy portfel.

Pracujemy nad poprawą związków uczuciowych, a dochodzi do starcia.

Pracujemy nad naszym zdrowiem, a łapiemy grypę.

Pracujemy nad wykazaniem swoich możliwości twórczych, a dostajemy wymówienie.

Czasami problem przesuwa się w różnych kierunkach, co powoduje, że zaczynamy widzieć i wiedzieć więcej. Na przykład, załóżmy, że masz zamiar rzucić palenie papierosów i mówisz: „Chcę uwolnić się od potrzeby palenia papierosów". W trakcie pracy nad problemem dostrzegasz, że twoje związki z ludźmi stają się coraz gorsze.

Nie popadaj w panikę. To znak, że coś się zaczyna dziać. Mógłbyś postawić sobie kilka pytań typu: „Czy chcę zrezygnować z uciążliwych związków? Czy moje papierosy nie tworzyły zasłony dymnej i dlatego nie mogłem dostrzec, jak niedobre są dla mnie te związki? Dlaczego tworzę takie związki?"

Zauważasz, że palenie papierosów jest tylko objawem, a nie przyczyną. Teraz coraz lepiej widzisz i rozumiesz całą sytuację, i to czyni cię wolnym.

Możesz teraz powiedzieć: „Chcę uwolnić się od «potrzeby» nieodpowiadających mi związków z ludźmi".

Następnie zauważysz, że powodem twojego niezbyt dobrego samopoczucia jest fakt, iż inni ludzie wydają się być ciągle krytyczni w stosunku do ciebie.

Będąc świadomym tego, że to my sami tworzymy wszystkie swoje doświadczenia życiowe, zaczynasz mówić: „Chcę uwolnić się od potrzeby bycia krytykowanym".

Zastanawiasz się wtedy nad tą sprawą i uświadamiasz sobie, że jako dziecko byłeś często krytykowany. To małe dziecko w tobie czuje się „jak w domu" tylko wtedy, gdy jest karcone. Twoim sposobem ukrycia się przed krytyką było stworzenie „zasłony dymnej".

Być może następnym krokiem będzie afirmacja: „Chcę wybaczyć..."

Pracując dalej z afirmacjami być może dojdziesz do wniosku, że papierosy nie są ci już potrzebne, a ludzie, z którymi obecnie masz do czynienia, już cię nie krytykują. Wtedy już wiesz, że uwolniłeś się od tej potrzeby.

Zajmuje to zazwyczaj trochę czasu. Jeśli jednak będziesz nieco uparty i znajdziesz codziennie kilka spokojnych chwil na refleksję nad procesem zmieniania siebie, otrzymasz odpowiedź. Inteligencja, która jest w tobie, to ta sama Inteligencja, która stworzyła całą planetę. Zaufaj swojemu Wewnętrznemu Głosowi – on ci podpowie właściwe rozwiązanie.

Ćwiczenie: Uwalnianie się od potrzeby

Na zajęciach grupowych to ćwiczenie wykonuje się z partnerem. Można je jednak równie dobrze wykonać z pomocą lustra, możliwie dużego.

Pomyśl przez chwilę o czymś, co chciałbyś zmienić w swoim życiu. Podejdź do lustra, spójrz sobie w oczy i powiedz na głos: „Obecnie zdaję sobie sprawę, że to ja stworzyłem tę sytuację, i teraz chcę uwolnić się od tkwiącego w mojej świadomości wzorca, który jest odpowiedzialny za nią". Powtórz to kilkakrotnie z przekonaniem.

Jeśli ćwiczysz z partnerem, niech powie ci, czy rzeczywiście został przekonany. Chciałabym, abyś potrafił go przekonać.

Spytaj samego siebie, czy rzeczywiście tego chcesz. Patrząc w lustro przekonaj się, że tym razem jesteś gotowy uwolnić się z więzów przeszłości.

W tym momencie wiele osób boi się, że nie wiedzą, *jak* mają się uwolnić. Obawiają się w to zaangażować, dopóki nie będą znali wszystkich odpowiedzi. To tylko jeszcze jedna forma oporu. Trzeba go pokonać.

Jedną z podstawowych rzeczy jest to, że nie musimy wiedzieć, jak. Jedyne, czego nam potrzeba, to chęć. Wszechobecna Inteligencja lub wasza podświadomość same znajdą sposób. Na każdą myśl, jaka w was powstaje, i na każde wypowiedziane przez was słowo przychodzi odpowiedź, i w tej chwili zaczyna działać moc. Myśli, jakie w was powstają i słowa przez was wypowiedziane w tej chwili tworzą waszą przyszłość.

Twój umysł jest narzędziem

Jesteś czymś więcej niż tylko umysłem. Możesz sądzić, iż twój umysł jest reżyserem wszystkiego, co się dzieje. Ale tylko dlatego, że wyćwiczyłeś go, by myślał w ten sposób. Możesz również oduczyć go czegoś i nauczyć nowych rzeczy, gdyż jest tylko twoim narzędziem. Twój umysł jest narzędziem, którego możesz używać w sposób dowolny. Aktualny sposób używania umysłu to nic innego jak nawyk, a nawyki – wszelkie – mogą być zmienione, o ile tego chcemy i o ile wiemy, że jest to możliwe.

Uspokój na chwilę gonitwę swoich myśli i zastanów się nad tym zdaniem: *TWÓJ UMYSŁ JEST NARZĘDZIEM, KTÓREGO MOŻESZ UŻYWAĆ W DOWOLNIE WYBRANY SPOSÓB.*

Myśli, na które „decydujesz się", tworzą twoje doświadczenia. Jeśli jesteś przekonany, że zmiana myśli lub nawyku jest czymś trudnym, to wybór tego przekonania spowoduje, iż tak rzeczywiście będzie. Jeśli zaś zdecydujesz się pomyśleć: „Dokonywanie zmian zaczyna być dla mnie łatwe", to wybór tej myśli spowoduje jej urzeczywistnienie.

Kontrolowanie umysłu

Jest w tobie nieprawdopodobna moc i inteligencja nieustannie odpowiadająca na twoje myśli i słowa. Gdy posiądziesz umiejętność kontrolowania umysłu poprzez świadomy wybór myśli, zaczniesz współdziałać z tą mocą. Nie sądź jednak, że to twój umysł sprawuje władzę. To *ty* panujesz nad swoim umysłem. To *ty* używasz swego umysłu. To *ty* możesz zrezygnować z dawnego sposobu myślenia.

Gdy próbuje powrócić dawny sposób myślenia i zdajesz się słyszeć słowa: „Tak trudno jest się zmienić" – zapanuj nad swoim umysłem i powiedz mu: „Wybieram przekonanie, że dokonywanie zmian staje się dla mnie coraz łatwiejsze". Być może będziesz musiał kilka razy odbyć taką rozmowę ze swoim umysłem, aby uznał, że to do ciebie należy władza, że będzie tak, jak mówisz.

Jedyną rzeczą, nad którą zawsze panujesz, jest twoja aktualna myśl

Dawne myśli już odeszły, nic już z nimi nie można zrobić poza przeżyciem doświadczeń, których były przyczyną. Przyszłe myśli nie

zostały jeszcze sformułowane i nie wiesz, jakie będą. Całkowitą
władzę masz nad myślą, która jest właśnie teraz w twoim umyśle.

Przykład

Wyobraźcie sobie, że macie małe dziecko, któremu przez długi czas
pozwalacie bawić się wieczorem tak długo, jak ma ono na to ochotę.
Pewnego dnia podejmujecie decyzję, że teraz dziecko ma codziennie
chodzić spać o godzinie dwudziestej. Jak sobie wyobrażacie pierwszą noc?
Dziecko oczywiście zbuntuje się przeciwko nowej zasadzie, zrobi
awanturę i uczyni z pewnością wszystko, by nie pójść do łóżka. Jeżeli
ulegniecie mu w tym momencie, dziecko zwycięży i będzie starało
się zawsze postawić na swoim.

Jednakże, jeżeli będziecie spokojnie obstawać przy swojej decyzji
i stanowczo nalegać, że to jest pora na pójście spać, bunt dziecka
będzie malał. W ciągu kilku nocy nowa zasada zostanie przyjęta.
Tak samo ma się rzecz z waszym umysłem. Naturalnie, na początku zbuntuje się. On nie lubi być przestawiany. Ale to wy panujecie
nad nim i jeśli będziecie należycie skoncentrowani na tej czynności
i stanowczy, wkrótce nowy sposób myślenia utrwali się. Z zadowoleniem uświadomicie sobie, że nie jesteście ofiarą waszych własnych
myśli, lecz panem swojego umysłu.

Ćwiczenie: Pozwolić odejść

Czytając to, weź głęboki oddech i – wypuszczając powietrze –
pozwól, by całe napięcie opuściło twoje ciało. Pozwól odprężyć się
skórze głowy, czoła i twarzy. Mięśnie nie muszą być napięte w czasie czytania. Pozwól, by odprężył się język, gardło i ramiona.
Możesz trzymać książkę w rozluźnionych rękach. Zrób to teraz.
Pozwól odprężyć się twoim plecom, siedzeniu i miednicy. Uspokój
oddech, rozluźniając jednocześnie mięśnie nóg i stóp.

Czy nie zauważyłeś istotnej zmiany w swoim ciele od momentu rozpoczęcia poprzedniego akapitu? Zwróć uwagę, jak długo zdołasz utrzymać ten stan rozluźnienia. Jeżeli możesz zrobić to ze swoim ciałem, możesz także uczynić to z własnym umysłem.

W tym przyjemnym stanie odprężenia powiedz do siebie: „Pragnę uwolnić się od wszystkiego. Odpuszczam sobie. Pozwalam odejść wszystkiemu. Odrzucam całe napięcie. Oddalam cały strach. Uwalniam się od wszelkiej złości. Uwalniam się od poczucia winy. Oddalam wszelki smutek. Uwalniam się od wszelkich dawnych ograniczeń. Uwalniam się i osiągam spokój. Jestem w zgodzie z samym sobą. Jestem w zgodzie z procesem życia. Jestem bezpieczny".

Wykonaj to ćwiczenie dwa lub trzy razy. Poczuj ulgę, jaką przynosi to ćwiczenie. Powtórz je, ilekroć poczujesz, że zaczynasz myśleć o kłopotach. Wymaga to nieco praktyki, nim stanie się rutynowym nawykiem. Gdy wprowadzisz się w stan spokoju, wypowiadane afirmacje łatwiej zadziałają. Staniesz się bardziej otwarty i podatny na ich przesłanie. Nie musisz się wysilać czy napinać. Po prostu odpręż się i twórz właściwe myśli. Tak, to jest ta ulga.

Odprężenie fizyczne

Czasami potrzebujemy również fizycznego odprężenia. Różne przeżycia i emocje mogą nawarstwiać się w ciele. Jeśli hamowaliśmy swoją ekspresję słowną, bardzo odprężające może być krzyczenie w samochodzie przy zamkniętych szybach. Nieszkodliwym sposobem wyrzucenia nagromadzonej złości jest bicie w łóżko, kopanie poduszek, a także gra w tenisa lub bieganie.

Nie tak dawno czułam przez kilka dni ból w ramieniu. Starałam się to zignorować, ale ból wciąż dawał o sobie znać. W końcu usiadłam i spytałam siebie: „Co się dzieje? Co ja czuję?"

„Czuję, jakby mnie piekło. Piecze... piecze... to oznacza złość. Z jakiego powodu jestem zła?"

Nie mogłam sobie uzmysłowić, dlaczego jestem zła, więc powiedziałam: „No dobrze, zobaczymy, czy znajdziemy przyczynę".

Położyłam dwie poduszki na łóżku i zaczęłam tłuc w nie z całej siły. Po dwunastu uderzeniach uzmysłowiłam sobie powód swojej złości. To było takie oczywiste. Tłukłam więc w poduszki z coraz większą siłą, nie hamując także głosu, i wyrzuciłam z ciała emocje. Kiedy miałam to już za sobą, poczułam się o wiele lepiej, a następnego dnia ramię było już w porządku.

Uwolnienie przeszłości, która nas powstrzymuje

Wiele osób przychodzi do mnie narzekając, że *nie mogą cieszyć się dniem dzisiejszym z powodu jakiegoś wydarzenia, które miało miejsce w przeszłości.* Ponieważ kiedyś czegoś nie zrobili albo nie zrobili tego w określony sposób, nie mogą cieszyć się pełnią życia teraz. Ponieważ nie mają już czegoś, co mieli w przeszłości, nie potrafią się dzisiaj cieszyć. Ponieważ zostali zranieni w przeszłości, nie chcą zaakceptować miłości teraz. Ponieważ dawniej, kiedy robili coś po raz pierwszy, spotkała ich jakaś przykrość, są pewni, że powtórzy się to także teraz. Ponieważ zrobili kiedyś coś, czego obecnie żałują, są przekonani, że nie są dobrymi ludźmi. Ponieważ ktoś wyrządził im kiedyś krzywdę, teraz obarczają innych winą za własne nieudane życie. Ponieważ zdenerwowała ich jakaś sytuacja w przeszłości, uparcie utrzymują, że mieli wtedy rację. Ponieważ kiedyś, w odległej przeszłości, zostali potraktowani niewłaściwie, nigdy tego nie wybaczą i nie zapomną.

Ponieważ nie powiodło mi się na pierwszym przesłuchaniu kwalifikacyjnym, zawsze będę się bał tego rodzaju przesłuchań.

Ponieważ moje małżeństwo rozpadło się, nie mogę cieszyć się już pełnią życia.

Ponieważ mój pierwszy związek zakończył się niefortunnie, nie mogę już otworzyć się na miłość.

Ponieważ kiedyś zostałem urażony jakąś uwagą, nigdy już nikomu nie zaufam.

Ponieważ coś kiedyś ukradłem, muszę zawsze karać się za to.

Ponieważ byłem biednym dzieckiem, nigdy do niczego nie dojdę.

Często nie chcemy sobie uświadomić, że zatrzymywanie w pamięci zdarzeń przeszłości – bez względu na to, co to było i jak było okropne – *RANI TYLKO NAS*. Tak naprawdę „oni" się tym nie przejmują. Zazwyczaj nawet nie są tego świadomi. Ranimy wyłącznie siebie, odmawiając sobie teraz życia pełnią życia. Przeszłość była, minęła i nie można jej zmienić. Przeżywać możemy tylko to, co jest teraz. Jeśli mamy jakąś urazę z przeszłości, przeżywamy jej wspomnienie w tej obecnej chwili, tracąc jednocześnie rzeczywiste doświadczenie, które aktualnie ona ze sobą niesie.

Ćwiczenie: Uwolnienie

Oczyśćmy naszą pamięć z przeszłości. Uwolnijmy się od emocjonalnego stosunku do niej. Pozwólmy, by wspomnienia były tylko wspomnieniami.

Jeśli myślicie o ubraniu, jakie nosiliście w trzeciej klasie szkoły podstawowej, to zazwyczaj jest to wspomnienie pozbawione emocji. To tylko zwykłe wspomnienie.

Podobnie może być ze wszystkimi wydarzeniami z przeszłości. Gdy uwolnimy się od ich przeżywania, zyskujemy możność korzystania z pełnej mocy naszego umysłu, by cieszyć się chwilą obecną i tworzyć wspaniałą przyszłość.

Sporządź listę spraw, od których chcesz uwolnić swoją pamięć. Jak chętnie to robisz? Zwróć uwagę na swoje reakcje. Co będziesz musiał zrobić, by się tych spraw pozbyć? Na ile jesteś gotowy to zrobić? Jak duży opór w sobie czujesz?

Wybaczanie

Następny krok to *wybaczanie*. Wybaczanie sobie i innym uwalnia nas od przeszłości. W księdze *Kurs Cudów* wielokrotnie mówi się o tym, że wybaczenie jest odpowiedzią na prawie wszystkie nasze problemy. Wiem, że kiedy nie możemy z czymś ruszyć z miejsca, zazwyczaj oznacza to, że mamy coś jeszcze do wybaczenia. Jeśli nie

podążamy swobodnie z biegiem życia w obecnej chwili, zwykle znaczy to, iż zatrzymuje nas coś, co wiąże się z przeszłością. Może to być żal, smutek, uraza, obawa lub wina, zarzuty, złość, obraza, czasami nawet chęć odwetu. *Każde z wymienionych odczuć wywodzi się z braku wybaczenia, jest odmową puszczenia w niepamięć i zajęcia się chwilą bieżącą.*
Miłość jest zawsze kluczem do wszelkiego rodzaju uzdrowienia. A drogą wiodącą do miłości jest wybaczenie. Wybaczenie rozwiewa urazę. Kwestię tę rozwiązuję na kilka sposobów.

Ćwiczenie: Rozwiewanie urazy

Jest taki stary sposób Emmeta Foxa, który zawsze pomaga w takim przypadku. Zaleca on, aby spokojnie siąść, zamknąć oczy i zrelaksować ciało i umysł. Następnie wyobraź sobie, że siedzisz w ciemnej sali teatralnej, a na scenie znajduje się osoba, do której czujesz największą urazę. Może to dziać się teraz lub w przeszłości, a osoba może być żyjąca lub zmarła. Kiedy zobaczysz ją wyraźnie, wyobraź sobie, że przydarza się jej coś dobrego, coś co ma dla niej znaczenie. Wyobraź sobie, jak się radośnie uśmiecha.

Zatrzymaj ten obraz w swojej wyobraźni przez kilka minut, potem pozwól mu zniknąć. Chciałabym dodać następny krok.

Z chwilą, gdy postać ta opuści scenę, postaw się sam na jej miejscu. Wyobraź sobie, że spotyka cię coś, co przynosi ci radość. Wyobraź sobie, że jesteś uśmiechnięty i szczęśliwy. Pomyśl, że zasobność Wszechświata jest dostępna dla nas wszystkich.

Powyższe ćwiczenie rozwiewa ciemne chmury urazy, które większość z nas w sobie nosi. Dla niektórych osób wykonanie go będzie bardzo trudne. Za każdym razem wykonując to ćwiczenie możesz wyobrazić sobie inną osobę. Jeśli będziesz stosował ćwiczenie codziennie przez miesiąc, przekonasz się, o ile lżej ci będzie na duszy.

Ćwiczenie: Odwet

Ci, którzy wstąpili na ścieżkę duchową, znają wagę wybaczenia. Niektórzy z nas muszą jednak wykonać jeszcze pewien krok, zanim całkowicie przebaczą. Czasami to małe dziecko w nas potrzebuje odwetu, zanim gotowe jest wybaczyć. Dlatego też to ćwiczenie jest bardzo pomocne.

Zamknij oczy, usiądź w ciszy i spokoju. Pomyśl o osobie, której najtrudniej jest ci wybaczyć. Co rzeczywiście chciałbyś jej zrobić? Co ona powinna zrobić, byś potrafił jej wybaczyć? Wyobraź sobie, że to dzieje się teraz. Stwórz tę scenę odwetu ze wszystkimi szczegółami. Jak długo ta osoba ma cierpieć albo pokutować?

Jeśli masz już dosyć, przerwij i skończ z tym na zawsze. Na ogół powinieneś teraz poczuć się lżej i łatwiej ci będzie pomyśleć o wybaczeniu. Napawanie się tym ćwiczeniem nie jest dla ciebie korzystne. Wykonanie go raz na zamknięcie tej sprawy może mieć efekt uwalniający.

Ćwiczenie: Wybaczanie

Teraz jesteś gotów do wybaczenia. Jeśli możesz, wykonaj to ćwiczenie z partnerem lub wypowiadaj je głośno, jeśli jesteś sam.

Ponownie usiądź z zamkniętymi oczami i powiedz: „Osobą, której powinienem wybaczyć jest _____. Wybaczam ci to, że _____".

Powtórz to wielokrotnie. Niektórym osobom będziesz miał z pewnością wiele spraw do wybaczenia, innym zaś jedną lub dwie. Jeśli jesteś z partnerem, pozwól mu powiedzieć: „Dziękuję, zwracam ci teraz wolność". Jeśli nie masz partnera, wyobraź sobie, że słowa te wypowiada osoba, której wybaczasz. Wykonuj tę czynność przez pięć lub dziesięć minut. Poszukaj w swoim sercu poczucia krzywdy, jakie jeszcze w sobie nosisz i pozwól mu odejść.

Skoro już oczyściłeś rany swego serca na tyle, na ile obecnie było to możliwe, skoncentruj się na sobie. Powiedz na głos do siebie: „Wybaczam sobie to, że _____". Wykonuj tę czynność przez około pięć minut.

Są to ćwiczenia o potężnym działaniu i dobrze jest je powtarzać przynajmniej raz w tygodniu, aby oczyścić się z wszelkich
pozostałych pretensji. Niektóre zadry są łatwe do usunięcia, inne
zaś musimy wyrywać po trochu, dopóki pewnego dnia nie
przekonamy się, że już nie bolą i problem został rozwiązany.

Ćwiczenie: Wizualizacja

Oto inne dobre ćwiczenie. Postaraj się, by ktoś ci przeczytał
ten tekst lub nagraj go na taśmę magnetofonową i posłuchaj.
Spróbuj zobaczyć w wyobraźni siebie jako małe pięcio- lub
sześcioletnie dziecko. Spójrz temu dziecku głęboko w oczy.
Zobaczysz kryjącą się w nich tęsknotę i zrozumiesz, że jedyną
rzeczą, jakiej od ciebie pragnie, jest miłość. Wyciągnij ręce
i obejmij je. Przytul z miłością i czułością. Powiedz mu, jak
bardzo je kochasz i troszczysz się o nie. Okaż mu swój podziw
i powiedz, że ucząc się ma prawo popełniać błędy. Obiecaj, że
zawsze przy nim będziesz, bez względu na okoliczności. Teraz
pozwól mu zmaleć do takich rozmiarów, by mogło się zmieścić
w twoim sercu. Włóż je tam tak, byś zawsze mógł spoglądać
w jego oczy patrzące na ciebie i abyś mógł mu dać dużo miłości.
Teraz spróbuj zobaczyć obraz swojej matki jako dziewczynki
w wieku lat czterech lub pięciu, która przerażona szuka uczucia
miłości, nie wiedząc, u kogo mogłaby ją znaleźć. Wyciągnij
ramiona do tej małej dziewczynki i powiedz jej, jak bardzo ją
kochasz i jak bardzo ci na niej zależy. Daj jej do zrozumienia,
że może na tobie polegać, bez względu na okoliczności. Gdy się
uspokoi i zacznie czuć się bezpiecznie, pozwól jej zmaleć do
rozmiarów twojego serca. Umieść ją tam razem ze swoim małym
dzieckiem. Pozwól, aby okazali sobie nawzajem wiele miłości.
A teraz wyobraź sobie swojego ojca jako małego trzy- lub
czteroletniego chłopca, przestraszonego, płaczącego i szukającego miłości. Patrz na jego łzy płynące po policzkach, gdy nie
wie, do kogo się zwrócić. Nauczyłeś się już uspokajać małe
dzieci, wyciągnij więc do niego ramiona i przytul drżące małe

ciałko. Uspokój go. Zanuć mu piosenkę. Daj mu odczuć, jak bardzo go kochasz. Daj mu odczuć, że zawsze będziesz dla niego dostępny.

Kiedy wyschną łzy i dozna uczucia miłości i spokoju w swym małym ciele, pozwól mu zmniejszyć się do rozmiarów twojego serca. Umieść go tam tak, by tych troje dzieci mogło się obdarzyć miłością i abyś ty także mógł je wszystkie kochać.

☆ ☆ ☆

W twoim sercu jest tak wiele miłości, że mógłbyś uzdrowić całą planetę. Lecz teraz użyjmy tej miłości do uzdrowienia ciebie. Poczuj ciepło rozpalające się w twoim sercu, łagodność, delikatność. Pozwól, aby to uczucie zaczęło zmieniać twój sposób myślenia i mówienia o sobie.

W bezkresie życia, w którym jestem,
wszystko jest doskonałe, całkowite i pełne.
Zmiana jest naturalnym prawem mojego życia. Witam zmianę.
Chcę się zmienić. Chcę zmienić swoje myślenie.
Chcę zmienić słowa, jakich używam.
Przechodzę od tego, co stare, do tego, co nowe, łatwo i radośnie.
Wybaczanie przychodzi mi łatwiej, niż to sobie wyobrażałem.
Wybaczanie przynosi mi uczucie wolności i lekkości.
Z radością uczę się coraz bardziej kochać siebie.
Im bardziej uwalniam się od urazy,
tym więcej miłości mogę okazać.
Zmiana moich myśli sprawia, że czuję się dobrze.
Uczę się pragnienia,
by dzień dzisiejszy uczynić przyjemnym przeżyciem.
Wszystko w moim świecie jest dobre.

 *Rozdział VIII*

Budowanie nowego

„Odpowiedzi, jakie odnajduję w sobie, z łatwością wypływają
na powierzchnię mojej świadomości".

Nie chcę być gruby.
Nie chcę, żeby mi wciąż brakowało pieniędzy.
Nie chcę się zestarzeć.
Nie chcę żyć w tym miejscu.
Nie chcę tego związku.
Nie chcę być taki jak moja matka / ojciec.
Nie chcę zgłupieć przy tej pracy.
Nie chcę mieć takich włosów / nosa / ciała.
Nie chcę być samotny.
Nie chcę być nieszczęśliwy.
Nie chcę być chory.

To, do czego przywiązujecie wagę, ulega wzmocnieniu

Przytoczone wyżej zdania pokazują, jak jesteśmy kulturowo na-
uczeni walczyć w myślach z tym, co uważamy za negatywne dla nas.
Sądzimy, że dzięki temu to, co pozytywne, automatycznie pojawi się
w naszym życiu. Tak się jednak nie dzieje.
Ileż to razy narzekałeś, że czegoś nie chcesz? Czy dzięki temu
otrzymałeś to, czego rzeczywiście pragnąłeś? Jeśli rzeczywiście
chcesz coś zmienić w swoim życiu, to walka przez negowanie jest
zupełną stratą czasu. *Im bardziej roztrząsasz to, czego nie chcesz, tym*

więcej tego niechcianego powstaje. To, czego nigdy nie lubiłeś u siebie lub w swoim życiu, wciąż jest obecne. To, na czym skupiasz uwagę, rozrasta się i staje się stałym elementem twojego życia. Porzuć negowanie i skoncentruj się na tym, czym lub kim rzeczywiście chcesz być albo co chcesz mieć. Zamieńmy powyższe negatywne afirmacje na pozytywne.

Jestem szczupły.
Powodzi mi się dobrze.
Jestem wiecznie młody.
Przenoszę się na lepsze miejsce.
Jestem w nowym cudownym związku.
Jestem panem samego siebie.
Moje włosy / nos / ciało bardzo mi się podobają.
Jestem pełen miłości i uczucia.
Jestem radosny, szczęśliwy i wolny.
Jestem zupełnie zdrowy.

Afirmacje

Naucz się myśleć używając pozytywnych afirmacji. Afirmacjami są wszelkie zdania oznajmiające, które wypowiadasz. Zbyt często w naszym myśleniu występują afirmacje negatywne. A negatywne afirmacje jedynie pomnażają to wszystko, czego – jak twierdzisz – nie chcesz. Mówiąc: „Nienawidzę swojej pracy", zmierzasz donikąd. Oświadczając: „Przyjmuję teraz wspaniałą, nową pracę", otwierasz w swojej świadomości kanały, dzięki którym to zdanie stanie się prawdziwe.

Wypowiadaj się zawsze w sposób pozytywny na temat obrazu swojego życia, jaki chciałbyś urzeczywistnić. Ale trzeba tu dodać bardzo ważną uwagę: *zawsze twórz swoje wypowiedzi w CZASIE TERAŹNIEJSZYM*, na przykład: „Jestem" lub: „Ja mam". Twoja podświadomość jest do tego stopnia posłusznym sługą, że gdybyś wypowiadał się w czasie przyszłym – „Ja będę" lub: „Ja będę miał" – wtedy wszystko pozostanie tak, jak było zawsze – poza twoim zasięgiem, w przyszłości.

Trzeba pokochać siebie

Jak już powiedziałam wcześniej, bez względu na to, w czym leży problem, musisz przede wszystkim pracować nad tym, by POKO-CHAĆ SIEBIE. To jest ta „czarodziejska różdżka" rozwiązująca problemy. Czy przypominasz sobie czasy, gdy miałeś dobre mniemanie o sobie i jak dobrze sobie radziłeś wtedy w życiu? Czy pamiętasz, że wtedy, gdy byłeś zakochany, wydawało ci się, iż nie masz żadnych kłopotów? A więc, gdy pokochasz siebie, doznasz takiego przypływu dobrych uczuć i uskrzydlającego szczęścia, że zatańczysz z radości. GDY POKOCHASZ SIEBIE, POCZUJESZ SIĘ DOBRZE.

Nie można naprawdę pokochać siebie, jeżeli się siebie nie akceptuje. Oznacza to, iż nie można siebie krytykować, bez względu na wszystko. Już słyszę podnoszące się w tej chwili obiekcje:

„Ależ ja zawsze siebie krytykowałem".

„Jak w ogóle mogę lubić to wszystko u siebie".

„Moi rodzice (nauczyciele, przyjaciele) zawsze mnie krytykowali".

„A co będzie z moją motywacją?"

„Ależ to byłoby niestosowne z mojej strony".

„Jak mam się zmienić nie krytykując siebie?"

Ćwiczenie umysłu

Powyższy samokrytycyzm powoduje, że umysł pracuje cały czas według dawnego planu. Zwróćcie uwagę, jak wyćwiczyliście swój umysł w czynieniu sobie wyrzutów i opieraniu się zmianom. Zapomnijcie o tamtych myślach i weźcie się do rozwiązywania istotnych spraw, które są przed wami.

Powróćmy do ćwiczenia, które wykonałeś wcześniej. Spójrz ponownie w lustro i powiedz: „Kocham i akceptuję siebie takim, jakim jestem".

Jak się teraz czujesz? Czy po pracy z wybaczaniem jest lepiej? To jest w dalszym ciągu najważniejsza sprawa. Akceptacja siebie to klucz do pozytywnych zmian.

W okresie, gdy niechęć do samej siebie była we mnie bardzo silna, zdarzało się, iż wymierzałam sobie policzek. Nie znałam znaczenia samoakceptacji. Moje przekonanie o własnych brakach i ograniczeniach było silniejsze od jakiegokolwiek pozytywnego zdania na mój temat, jakie mogło być wypowiedziane. Jeśli ktoś powiedział mi, że mnie kocha, moją reakcją było natychmiast: „Dlaczego? Co ktokolwiek mógłby we mnie zobaczyć?" Lub klasyczna myśl: „Gdyby oni wiedzieli, jaka ja jestem naprawdę, z pewnością nie mogliby mnie kochać".

Nie byłam świadoma tego, że całe dobro zaczyna się od zaakceptowania siebie samego i kochania siebie takiego, jakim się jest. Sporo czasu zajęło mi stworzenie spokojnego, przyjaznego stosunku uczuciowego do własnego „ja".

Najpierw starałam się wychwycić jakieś drobne rzeczy w sobie, które mogłam uznać za „cechy pozytywne". Już samo to pomogło i moje zdrowie zaczęło się poprawiać. Dobre samopoczucie zaczyna się od pokochania siebie. Tak samo ma się rzecz z finansami, miłością i twórczym wyrażaniem siebie.

Później nauczyłam się kochać i akceptować w sobie wszystko, nawet te cechy, które przedtem uznawałam za „nie dość dobre". I wtedy zaczęłam czynić właściwe postępy.

Ćwiczenie: Akceptuję siebie

Ćwiczenie to dawałam wielu ludziom do wykonania. Rezultaty były znakomite. Przez cały miesiąc powtarzaj sobie wielokrotnie: *„JA AKCEPTUJĘ SIEBIE"*.

Czyń to co najmniej trzysta lub czterysta razy dziennie. Nie, to nie jest za wiele. Jeśli cię coś dręczy, rozważasz swój problem również co najmniej tyle razy. Pozwól, by „Ja akceptuję siebie" stało się nieodłączną mantrą w twojej świadomości, czymś, co powtarzasz raz za razem, prawie bez przerwy.

Wypowiadanie zdania: „Ja akceptuję siebie" to gwarantowany sposób na wydobycie tego wszystkiego, co zostało utrwalone w twojej świadomości i jest jego przeciwieństwem. Jeśli złapiesz się na negatywnej myśli typu: „Jak mogę siebie akceptować, skoro jestem gruby?" lub: „Głupio jest myśleć, że wyniknie

z tego coś pozytywnego", lub: „Wcale nie jestem dobry" albo
cokolwiek jeszcze negatywnego zacząłbyś myśleć, to jest moment na włączenie kontroli psychicznej. Nie przywiązuj do jej
treści żadnej wagi. Przyjrzyj się, czym jest ta myśl – jeszcze
jednym sposobem zatrzymywania się w przeszłości. Łagodnie
jej powiedz: „Odejdź. Ja akceptuję siebie".

Już samo zastanawianie się, czy wykonywać to ćwiczenie, może
ujawnić, co naprawdę myślimy: „To głupie", „To nie brzmi praw-
dziwie", „To kłamstwo", „Za wiele w tym zarozumiałości", „Jak
mogę siebie zaakceptować, skoro robię coś takiego?"

To tylko myśli wynikające z oporu. Pozwól im przeminąć. Nie
mają władzy nad tobą, chyba że będziesz chciał w nie uwierzyć.

„Ja akceptuję siebie, ja akceptuję siebie, ja akceptuję siebie".
Bez względu na to, co się wydarzy, bez względu na to, kto i co
ci powie, bez względu na to, kto i co ci zrobi, wciąż powtarzaj
te słowa. Jeżeli będziesz mógł je wyrzec w chwili, gdy nie
pochwalasz czyjegoś postępowania, będziesz miał dowód na to,
że rozwijasz się i zmieniasz.

Myśli nie mają władzy nad nami, chyba że im na to pozwolimy.
Myśli to tylko powiązane ze sobą słowa. Same w sobie *NIE MAJĄ
ŻADNEGO ZNACZENIA*. Tylko my nadajemy im znaczenie. I my
decydujemy o tym, jakie znaczenie im nadajemy. Wybierajmy takie
myśli, które nas wzmacniają i wspierają.

*Częścią procesu samoakceptacji jest uwolnienie się od opinii
innych ludzi.* Gdybym chodziła za tobą i ciągle powtarzała: „Jesteś
straszną świnią. Okropna świnia z ciebie" – to albo śmiałbyś się ze
mnie, albo byś się zdenerwował i pomyślał, że zwariowałam. Z pewnością nie uwierzyłbyś temu, co mówiłam. Wiele jednak poglądów,
jakie mamy o nas samych, można uznać za równie nieprawdziwe
i niedorzeczne. Jeżeli trwasz w przekonaniu, że twoja wartość zależy
od kształtów twojego ciała, to tak jakbyś uwierzył w to, że zdanie
„jesteś okropną świnią" jest prawdziwe.

*Częstokroć to wszystko, co wydaje się nam „nie w porządku" w nas
samych, jest tylko wyrazem naszej indywidualności.* To nasza wyjąt-
kowość i to, co nas wyróżnia. Natura nigdy się nie powtarza. Od czasu

powstania życia na naszej planecie nie pojawiły się jednakowe dwa płatki śniegu ani dwie krople deszczu. Jedna stokrotka różni się od drugiej. Nasze linie papilarne są różne i my jesteśmy różni. *Mamy być różni. Z chwilą gdy to zrozumiemy, nie będzie współzawodniczenia i porównywania się.* Próba bycia takim samym jak inni wypala naszą duszę. Przybyliśmy na tę planetę, by wyrazić, kim *jesteśmy*. Ja nawet nie wiedziałam, kim jestem, dopóki nie zaczęłam uczyć się kochania siebie takiej, jaka jestem w tej chwili.

Zastosujcie swoją świadomość w praktyce

Pracujcie nad myślami, które mogą uczynić was szczęśliwymi. Róbcie to, co poprawia wasze samopoczucie. Bądźcie z ludźmi, którzy przyczyniają się do waszego dobrego samopoczucia. Jedzcie takie pożywienie, jakie jest dla was najkorzystniejsze. Nadawajcie swoim krokom taki rytm, abyście czuli się dobrze.

Siew

Pomyślcie przez chwilę o krzaku pomidora. Zdrowa sadzonka może dać ponad sto pomidorów. Aby osiągnąć taki zbiór, musimy rozpocząć pracę od małego suchego nasionka. Nie przypomina ono w niczym krzaka pomidora. I z pewnością nie ma jego smaku. Gdybyście nie byli tego zupełnie pewni, nie uwierzylibyście, że może ono stać się krzakiem pomidora. Powiedzmy jednak, że wysiejecie to nasionko do użyźnionej ziemi, podlejecie je i pozwolicie działać na nie słońcu.

Kiedy wyjdą pierwsze listki, nie podepczecie ich wołając: „To nie jest pomidor". Z pewnością spojrzawszy na nie wykrzykniecie: „O, właśnie wschodzą!" i będziecie obserwować z radością proces wzrastania. Po pewnym czasie, kontynuując podlewanie i pielenie, możecie doczekać się dużego krzaka, który będzie miał ponad sto smakowitych pomidorów. A wszystko zaczęło się od jednego nasionka.

To samo dotyczy tworzenia nowych doświadczeń. Gleba, którą uprawiacie, to wasza podświadomość. Nasieniem jest nowa afirmacja. *Całe nowe doświadczenie jest zawarte w tym drobnym nasieniu.* Podlewajcie je afirmacjami. Pozwólcie, by oświetlały je promienie pozytywnych myśli. Odchwaszczajcie ogródek, wyrzucając pojawiające się w nim myśli negatywne. A kiedy zobaczycie pierwszy najdrobniejszy przejaw kiełkowania, nie depczcie roślinki i nie mówcie: „To nie wystarczy". Zamiast tego spójrzcie na pierwsze symptomy przełomu i powiedzcie z czułością: „O, pojawia się! To działa!"

Następnie obserwujcie wzrost krzaka i spełnianie się waszego życzenia.

Ćwiczenie: Tworzenie nowych zmian

Teraz nadeszła pora *zajęcia się listą złych spraw w twoim życiu. Zamień swoje sądy o nich w pozytywne afirmacje.* Możesz też sporządzić listę wszystkich zmian, których pragniesz dokonać. Wybierz z tej listy trzy pozycje i przemień je w pozytywne afirmacje.

Załóżmy, że twoja lista negatywnych spraw wygląda mniej więcej tak:

Moje życie to jeden wielki bałagan.

Powinienem schudnąć.

Nikt mnie nie kocha.

Chcę się przeprowadzić.

Nienawidzę swojej pracy.

Powinienem być lepiej zorganizowany.

Nie robię wystarczająco dużo.

Nie jestem dość dobry.

Możesz je zmienić następująco:

Chcę odrzucić wewnętrzny wzorzec, który spowodował tę sytuację. Poddaję się procesowi pozytywnych zmian.

Mam szczęśliwe, smukłe ciało.

Doświadczam miłości, gdziekolwiek się udam.

Mam znakomite mieszkanie.

To ja tworzę moją cudowną nową pracę.

Jestem doskonale zorganizowany.

Pochwalam wszystko, co robię.
Kocham i akceptuję siebie.
Wierzę, iż życie da mi to, co najlepsze.
Zasługuję na to, co najlepsze, i akceptuję to teraz.

Z tej grupy afirmacji wyłonią się wszystkie te rzeczy, na których zmianie najbardziej ci zależy. Miłość i aprobata siebie, tworzenie bezpiecznej przestrzeni, ufność i poczucie zasługiwania na wszystko oraz akceptacja pozwolą twojemu ciału na utrzymanie prawidłowej wagi. Umysł będzie pracował w bardziej zorganizowany sposób, pojawią się przyjazne związki uczuciowe w twoim życiu, otrzymasz lepszą pracę i lepsze mieszkanie. W cudowny sposób wzrasta krzak pomidora. W cudowny też sposób mogą się urzeczywistnić nasze pragnienia.

Zasługiwanie na dobro

Czy jesteś przekonany, że zasługujesz na to, czego pragniesz? Jeżeli nie, to nie pozwolisz sobie na spełnienie pragnień. Okoliczności, na które nie masz wpływu, będą stale stawały ci na przeszkodzie.

Ćwiczenie: Zasługuję
Spójrz ponownie w lustro i powiedz: „Zasługuję na to, by mieć / być... i akceptuję to teraz". Powtórz to dwa lub trzy razy.
Jak się czujesz? Zawsze zwracaj uwagę na swoje odczucia, na to, co się dzieje w twoim ciele. Czy wiesz, że to prawda, czy też w dalszym ciągu czujesz się niegodny?
Jeżeli odnajdziesz jakiekolwiek negatywne odczucia w swoim ciele, powtarzaj afirmację: „Odrzucam z mojej świadomości wzorzec, który sprawia, że opieram się temu, co dla mnie dobre". „Ja zasługuję..."
Powtarzaj to zdanie tak długo, dopóki nie osiągniesz poczucia akceptacji, nawet jeśli będziesz musiał to czynić przez kilka dni.

Filozofia holistyczna

Przystępując do budowania nowego, chcemy zastosować podejście holistyczne. Ta filozofia pragnie zająć się całym człowiekiem – jego ciałem, umysłem i duchem. Jeśli zaniedbamy którąś z tych dziedzin, nie zapanujemy nad całością. Nie ma szczególnego znaczenia, od czego zaczniemy. Ważne jest, abyśmy włączali kolejne elementy.

Jeśli zaczniemy od ciała, będziemy chcieli skoncentrować się na pożywieniu, będziemy chcieli nauczyć się, jaki związek zachodzi pomiędzy doborem jedzenia i picia a naszym samopoczuciem. Chcemy dokonać wyboru najlepszego dla naszego ciała. Są to zioła i witaminy; homeopatia i krople Bacha. Możemy zbadać działanie lewatywy.

Z pewnością znajdziemy najbardziej odpowiadającą nam formę ćwiczeń. Wzmacniają one kości i utrzymują ciało w dobrej kondycji. Poza uprawianiem sportu i pływaniem macie do dyspozycji taniec, tai-chi, sztuki walki i jogę. Ja uwielbiam swój batut i korzystam z niego codziennie. Często też się relaksuję.

Możemy także poznać inne formy pracy z ciałem takie jak rolfing, terapia Hellera lub Tragera. Masaż, refleksologia stóp, akupunktura i chiropraktyka są również bardzo skuteczne. Istnieje też Metoda Aleksandra, bioenergetyka, Metoda Feldenkraisa, dotyk dla zdrowia i Reiki.

Jeśli chodzi o umysł, możemy spróbować technik wizualizacyjnych, ukierunkowanej wyobraźni i afirmacji. Istnieje mnóstwo technik psychologicznych, takich jak: Gestalt, hipnoza, rebirthing, psychodrama, regresja, terapia przez sztukę, a nawet podczas snu.

Medytacja w każdej formie jest cudownym sposobem uciszenia umysłu i umożliwia „ujawnienie się" waszej wewnętrznej wiedzy. Ja zazwyczaj po prostu siadam, zamykam oczy i mówię: „Co powinnam teraz wiedzieć?", i czekam spokojnie na odpowiedź. Jeśli przyjdzie, to dobrze. Jeśli nie, nie martwię się tym. Przyjdzie innego dnia.

Istnieją *grupy* warsztatowe, w których stosuje się różne metody, na przykład: Wgląd, Trening Związków Miłości, EST, Advocate Experience, grupy Kena Keyesa, aktualizacje i wiele innych. Wiele tych grup prowadzi zajęcia warsztatowe sobotnio-niedzielne. Te weekendy dają szansę ujrzenia życia w nowym świetle, tak jak dzieje się to na moich warsztatach. Wprawdzie żaden trening nie wyczyści *WSZYSTKICH* waszych problemów życiowych raz na zawsze. Jednakże pomagają one w dokonaniu zmiany w waszym życiu tu i teraz. *W dziedzinie duchowej* mamy modlitwę, medytację i łączenie z Wyższym Źródłem. Praktykowanie wybaczania i bezwarunkowej miłości są dla mnie praktykami duchowymi.

Jest dużo grup duchowych. Poza Kościołami chrześcijańskimi są Kościoły metafizyczne, jak: Religious Science i Unity. Są również: Ruch na Rzecz Rozwoju Osobistego (Self-Realization Fellowship), Medytacja Transcendentalna (TM), Rajneesh Foundation, Siddha Foundation itd.

Chcę, abyście wiedzieli, że jest bardzo wiele dróg, które możecie odkryć. Jeśli jedna wam nie odpowiada, możecie spróbować innej. Okazuje się, że wszystkie są bardzo pomocne. Nie potrafię powiedzieć, która z nich jest najodpowiedniejsza dla was. Musicie to odkryć sami. Nie ma jednej metody, jednej osoby czy też jednej grupy, która dostarczyłaby wszystkich odpowiedzi. Ja też nie znam wszystkich odpowiedzi. Jestem tylko jeszcze jednym stopniem na drodze do holistycznego zdrowia.

W bezkresie życia, w którym jestem, wszystko jest doskonałe,
całkowite i pełne. Moje życie odmieniło się.
Każda chwila mojego życia jest nowa, świeża i żywa.
Stosuję moje afirmatywne myślenie
do stworzenia dokładnie tego, czego pragnę.
Oto nowy dzień. Oto nowy ja.
Myślę inaczej. Mówię inaczej.
Mój świat jest odbiciem mojego nowego myślenia.
To radość i przyjemność móc siać nowe ziarno,
ponieważ wiem, że ono będzie moim nowym doświadczeniem.
Wszystko jest dobre w moim świecie.

 *Rozdział IX*

Codzienna praca

„Cieszę się możliwością praktykowania nowych umiejętności mojego umysłu".

Gdyby dziecko dało za wygraną przy pierwszym upadku, nigdy nie nauczyłoby się chodzić

Każda nowa rzecz, której się uczysz, wymaga czasu na wyćwiczenie, by stać się częścią twego życia. Na początku wymaga to dużej koncentracji i niektórzy z nas dochodzą do wniosku, że jest to „ciężka praca". Ja osobiście nie lubię myśleć, że jest to ciężka praca, lecz raczej coś nowego, czego warto się nauczyć.

Proces uczenia się jest zawsze taki sam bez względu na to, czego się uczymy – czy prowadzenia samochodu, pisania na maszynie, gry w tenisa czy też myślenia w sposób pozytywny. Początkowo idzie nam to niezręcznie, a nasza podświadomość uczy się przez próby, a potem, w miarę ponawiania prób, ćwiczenia stają się łatwiejsze i czynimy małe postępy. Oczywiście, nie będziesz „doskonały" już pierwszego dnia. Będziesz robił to, na co cię stać. A to wystarczy na początek.

Powtarzaj sobie często: „Wszystko, co robię, robię najlepiej, jak potrafię".

Zawsze podtrzymujcie się na duchu

Dobrze pamiętam swój pierwszy wykład. Kiedy zeszłam z podwyższenia, powiedziałam sobie natychmiast: „Louiso, byłaś cudowna. Byłaś absolutnie fantastyczna jak na pierwszy raz. Po pięciu lub sześciu razach będziesz profesjonalistką".

Kilka godzin później powiedziałam sobie: „Myślę, że moglibyśmy zmienić kilka rzeczy. Zmienimy to i tamto". Nie dopuściłam do krytykowania siebie w jakimkolwiek stopniu.

Gdybym, zszedłszy z podium, zaczęła czynić sobie wymówki: „Byłaś do niczego. To było źle i tamto było błędem", prawdopodobnie obawiałabym się następnego wykładu. A tak, następny okazał się lepszy od pierwszego, a po szóstym czułam się prawie jak profesjonalistka.

Dostrzegajcie „Prawa" działające wokół nas

Krótko przed przystąpieniem do napisania tej książki kupiłam sobie komputer. Nazwałam go „Magiczną Damą". Obsługa komputera była czymś nowym, czego chciałam się nauczyć. Odkryłam, że uczenie się jej jest bardzo podobne do nauki Praw Duchowych. Z chwilą gdy nauczyłam się zasad działania komputera, rzeczywiście stał się dla mnie czymś „magicznym". Jeśli nie przestrzegałam dokładnie jego praw, to albo nie chciał działać, albo też nie działał tak, jak bym sobie życzyła – nie chciał ustąpić ani o milimetr. Osiągnęłam dno frustracji, a on czekał cierpliwie, aż nauczę się jego reguł. Wtedy ujawniła się cała jego „magia". Ale to wymagało praktyki.

Tak samo ma się rzecz z pracą, jaką wykonujecie teraz. Musicie nauczyć się Praw Duchowych i przestrzegać ich dokładnie. Nie wolno wam naginać ich do starego sposobu myślenia. Musicie nauczyć się nowego języka i przestrzegać jego zasad, a kiedy to się stanie, wtedy „magia" będzie przejawiać się w waszym życiu.

Wzmocnijcie proces uczenia się

Im więcej sposobów wzmacniania procesu uczenia się zastosujecie, tym lepsze będą efekty. Proponuję:
wyrażanie wdzięczności,
pisanie afirmacji,

medytacje,
znajdowanie radości w ćwiczeniach,
właściwe odżywianie się,
głośne wypowiadanie afirmacji,
śpiewanie afirmacji,
znalezienie czasu na wykonywanie ćwiczeń relaksacyjnych,
stosowanie wizualizacji, wyobraźni,
czytanie i uczenie się.

Moja codzienna praca

Przedstawię teraz, jak wygląda mój zwykły dzień pracy.

Pierwsze myśli po obudzeniu, nim jeszcze otworzę oczy, są podziękowaniem za wszystko, cokolwiek przyjdzie mi na myśl. Następnie biorę prysznic i pół godziny przeznaczam na medytację, afirmacje i modlitwy.

Kolejne piętnaście minut poświęcam na ćwiczenia gimnastyczne, zazwyczaj na batucie. Czasami korzystam z telewizyjnego kursu aerobiku o szóstej rano.

Teraz gotowa jestem do śniadania, na które składają się owoce oraz soki owocowe i herbata ziołowa. Dziękuję Matce Ziemi za udostępnienie mi tego pożywienia, i dziękuję także za jego wartości odżywcze.

Przed obiadem lubię podejść do lustra i wypowiedzieć głośno kilka afirmacji, a czasami nawet wyśpiewuję zdania brzmiące na przykład w ten sposób:

Louiso, jesteś cudowna i kocham ciebie.
Dziś jest jeden z najlepszych dni twojego życia.
Wszystko wokół dzieje się dla twojego największego dobra.
Wszystko, co musisz wiedzieć, będzie ci objawione.
Czegokolwiek będziesz potrzebowała, przyjdzie do ciebie.
Wszystko idzie dobrze.

Obiad składa się zazwyczaj z warzyw i owoców. I znowu błogosławię jedzenie i dziękuję za nie.

Późnym popołudniem poświęcam kilka minut na głęboki relaks. Czasami słucham w tym czasie nagrania z taśmy.

Kolacja to gotowane warzywa i ziarno. Czasami jem rybę lub kurczaka. Moje ciało najlepiej funkcjonuje, gdy odżywiam się prostym pożywieniem. Lubię jeść kolację w towarzystwie. Błogosławimy jedzenie i siebie nawzajem. Czasami wieczorem trochę czytam i uczę się. Zawsze jest coś nowego do nauki. O tej porze piszę moje bieżące afirmacje, dziesięć lub dwadzieścia razy.

Kładąc się do łóżka zbieram myśli. Analizuję miniony dzień i błogosławię każdą czynność. Myślę o tym, że będę spała mocno i dobrze. Obudzę się rano wypoczęta i wesoła, wypatrując nowego dnia.

Czyż nie brzmi to fantastycznie? Początkowo wydaje się, że realizacja takiego programu kosztuje wiele pracy, ale po krótkim okresie nowy sposób myślenia staje się tak samo częścią waszego życia, jak codzienne mycie czy czyszczenie zębów. Robicie to automatycznie i bez wysiłku.

Byłoby cudownie, gdyby rodzina mogła rano wykonywać razem choć niektóre z tych ćwiczeń. Wspólna poranna medytacja na początek dnia czy krótko przed kolacją przywraca pokój i harmonię wszystkim. Jeśli myślicie, że nie macie czasu, to postarajcie się wstawać pół godziny wcześniej. Wyniesione korzyści będą większe od włożonego wysiłku.

Jak zaczynacie swój dzień?

Jakie jest pierwsze zdanie wypowiedziane przez was po przebudzeniu? Każdy z nas ma zwyczaj coś mówić. Czy to jest coś pozytywnego czy negatywnego? Pamiętam, że zwykle budziłam się rano z jękiem: „O BOŻE, JESZCZE JEDEN DZIEŃ!" I była to zapowiedź takiego dnia, w którym nic mi się nie udawało. Teraz, kiedy się budzę, nim otworzę oczy, dziękuję łóżku za dobry mocny sen. Bądź co bądź, spędziłam całą noc wygodnie. Następnie, mając wciąż zamknięte oczy, przez mniej więcej dziesięć minut dziękuję za całe dobro, jakie mnie spotkało w życiu. Myślę trochę o programie na dzień bieżący podkreślając, że wszystko mi się uda i ze wszystkiego będę się cieszyła. To dzieje się, nim stanę na nogi i przejdę do moich porannych medytacji i modlitw.

Medytacje

Znajdź dla siebie codziennie parę minut na spokojną *medytację*. Jeśli medytacja jest dla ciebie czymś nowym, zacznij od pięciu minut. Siądź spokojnie, ureguluj oddech i pozwól myślom swobodnie wędrować. Nie przywiązuj do nich większej wagi, niech płyną. Umysł w naturalny sposób tworzy myśli. Nie staraj się ich gwałtownie pozbywać. Jest mnóstwo szkół i książek traktujących o sposobach medytacji. Bez względu na to, jak i kiedy zaczniecie, w końcu znajdziecie metodę najlepszą dla siebie. Ja zazwyczaj po prostu siadam spokojnie i zadaję pytanie: „Co rzeczywiście powinnam wiedzieć?" Pozwalam nadejść odpowiedzi, jeśli zechce przyjść. Jeśli nie – wiem, że przyjdzie innym razem. Nie ma dobrego lub złego sposobu medytacji.

Inną formą medytacji jest spokojne siedzenie i obserwowanie oddechu, jego wchodzenia i wychodzenia z naszego ciała. Kiedy robicie wdech, zacznijcie liczenie: wdech – raz, wydech – dwa. Kontynuujcie liczenie do dziesięciu, a potem zacznijcie ponownie od jednego. Jeśli zauważycie, że zaczynacie liczyć rzeczy do prania, zacznijcie znowu od jednego. Gdy zorientujecie się, że liczenie dochodzi do dwudziestu pięciu lub dalej, po prostu wróćcie do jedynki.

Miałam pewnego razu pacjentkę, która sprawiła na mnie wrażenie osoby żywej i inteligentnej. Jej umysł był nieprzeciętnie błyskotliwy i szybki. Miała też duże poczucie humoru. A mimo to nie mogła pozbierać się ze wszystkim, co robiła. Miała nadwagę i była załamana, sfrustrowana swoją karierą. Od wielu lat jej uczucia pozostawały nie odwzajemnione. Szybko zaakceptowała wszystkie wskazania metafizyczne. Widziała w nich dużo sensu. Była jednak zbyt mądra, zbyt szybka. Miała kłopoty ze zwolnieniem tempa w celu wypraktykowania nowych idei we właściwym czasie. Była przyzwyczajona do natychmiastowych reakcji. Codzienne medytacje bardzo jej pomogły. Zaczęłyśmy od pięciu i stopniowo doszłyśmy do piętnastu lub dwudziestu minut dziennie.

Ćwiczenie: Codzienne afirmacje

Wybierzcie jedną lub dwie afirmacje i *piszcie je* codziennie dziesięć lub dwadzieścia razy. *Czytajcie je na głos* z entuzjazmem. Ułóżcie piosenkę z waszych afirmacji i *śpiewajcie ją z radością*. Pozwólcie swojemu umysłowi popracować nad tymi afirmacjami cały dzień. Stale używane afirmacje staną się waszymi przekonaniami i *zawsze* będą dawały rezultaty, czasami nawet trudne do przewidzenia.

Jednym z moich przekonań jest to, że zawsze będę miała dobre stosunki z osobami wynajmującymi mi mieszkanie. Właściciel ostatniego mojego mieszkania w Nowym Jorku był człowiekiem wyjątkowo trudnym i wszyscy lokatorzy narzekali na niego. W ciągu pięciu lat, które tam przemieszkałam, widziałam go zaledwie trzy razy. Kiedy zdecydowałam się wyjechać do Kalifornii, postanowiłam sprzedać wszystkie przedmioty, by móc rozpocząć nowe życie, nie skrępowane niczym z przeszłości. Zaczęłam przerabiać następujące afirmacje:

„Cały mój dobytek będzie sprzedany łatwo i szybko”.

„Czynności związane z przeprowadzką są proste do załatwienia”.

„Wszystko dzieje się zgodnie z porządkiem Najwyższej Opatrzności”.

„Wszystko idzie dobrze”.

Nie myślałam o tym, jak trudno będzie sprzedać sprzęty domowe, ani o tym, gdzie będę spała przez następnych kilka nocy. W ogóle żadnych negatywnych myśli. Po prostu powtarzałam swoje afirmacje. Moi pacjenci i studenci szybko wykupili różne przedmioty i większość książek. Poinformowałam listownie właściciela mieszkania, iż nie mam zamiaru odnawiać umowy najmu lokalu. Ku mojemu zdziwieniu zadzwonił do mnie, wyrażając żal z powodu mojego wyjazdu. Zaproponował mi napisanie listu polecającego do nowego właściciela domu w Kalifornii i spytał, czy mógłby odkupić moje meble, ponieważ miał zamiar odnająć komuś umeblowany lokal.

Moja Wyższa Świadomość w niepojęty dla mnie sposób połączyła dwa przekonania: „Zawsze mam dobre stosunki z osobami wynajmującymi mi mieszkania” i „Wszystko da się łatwo i szybko sprzedać". Ku zdumieniu innych lokatorów mogłam spać do końca pobytu w moim własnym łóżku, w wygodnie urządzonym lokalu i *JESZCZE MI ZA TO ZAPŁACONO!* Wyszłam z mieszkania z niewielką ilością ubrań, sokowirówką, mikserem, suszarką do włosów, maszyną do pisania i czekiem dużej wartości. Spokojnie wsiadłam do pociągu udającego się do Los Angeles.

Nie wierzcie w ograniczenia

Po przyjeździe do Kalifornii okazało się, że koniecznie jest mi potrzebny samochód. Przedtem go nie miałam i nie dokonywałam żadnych poważniejszych zakupów, nie miałam zatem otwartego kredytu w banku. Banki nie udzieliłyby mi kredytu. Co gorsza, byłam kobietą niezamężną i nie byłam nigdzie zatrudniona jako etatowy pracownik. Nie miałam ochoty wydawania wszystkich moich oszczędności na kupno nowego samochodu. Sprawa otwarcia kredytu stała się błędnym kołem.

Nie dopuściłam jednak do siebie jakiejkolwiek negatywnej myśli na temat powstałej sytuacji lub na temat banków. Wynajęłam samochód i kontynuowałam afirmacje typu: „Mam śliczny nowy samochód i stanie się on moją własnością bardzo łatwo".

Jednocześnie każdemu, z kim rozmawiałam, mówiłam, że chcę kupić nowy samochód, a nie mogę uzyskać kredytu w banku. Mniej więcej po trzech miesiącach poznałam pewną kobietę interesu, która od pierwszego spotkania poczuła do mnie sympatię. Gdy opowiedziałam jej swoją historię z samochodem, powiedziała: „Świetnie, zajmę się tym".

Zatelefonowała do znajomej pracującej w banku, która winna jej była przysługę, i powiedziała, że jestem jej „starą" znajomą. Dała mi też najlepsze referencje. Po trzech dniach wyjechałam z punktu sprzedaży nowiutkim, ślicznym samochodem.

Byłam nie tyle zachwycona, ile oniemiała z wrażenia. Sądzę, iż przyczyna, dla której zajęło mi to aż trzy miesiące, tkwiła w tym, że nigdy przedtem nie kupowałam niczego godząc się na miesięczne spłaty. Małe dziecko tkwiące we mnie bało się i potrzebowało czasu na zebranie odwagi, by zrobić tego rodzaju krok.

Ćwiczenie: Kocham siebie

Zakładam, że już powtarzasz sobie bez przerwy: „Ja akceptuję siebie". To potężna podstawa. Rób to przez co najmniej miesiąc. Teraz weź kartkę i na górze napisz: *„KOCHAM SIEBIE, A WIĘC..."* Dokończ to zdanie na tyle różnych sposobów, na ile tylko zdołasz.

Czytaj je codziennie i dodawaj kolejne zakończenia, ilekroć coś nowego przyjdzie ci na myśl.

Dobrze jest pracować z partnerem. Trzymajcie się za ręce i mówcie na przemian „Kocham siebie, więc..." Największa korzyść wynikająca z wykonywania tego ćwiczenia polega na tym, że gdy się mówi, iż kocha się siebie, prawie niemożliwe jest pomniejszanie siebie.

Ćwiczenie: Przywoływanie nowego

Wyobraź sobie, że już osiągnąłeś to, do czego zmierzasz – że jesteś taki, jakim chciałeś być, że masz już i robisz to, co chciałeś. Wypełnij to wyobrażenie wszystkimi szczegółami. Poczuj to, zobacz, posmakuj, dotknij, posłuchaj. Obserwuj reakcje innych ludzi na twój nowy stan. Zaakceptuj go całkowicie, bez względu na reakcje innych.

Ćwiczenie: Poszerzaj swoją wiedzę

Czytaj wszystko, co możesz, w celu poszerzenia swojej świadomości i zrozumienia zasad pracy umysłu. Tyle jest wiedzy do wchłonięcia. Ta książka jest zaledwie *PIERWSZYM KROKIEM* na twojej drodze. Zapoznaj się z innymi poglądami. Słuchaj, jak inni mówią o tym samym w odmienny sposób. Na zajęciach grupowych ucz się dotąd, aż będziesz mógł przejść na wyższy stopień. To jest zadanie na całe życie. Im więcej się nauczysz, im więcej się dowiesz, im więcej będziesz ćwiczył i stosował tę wiedzę w życiu, tym lepiej się poczujesz i tym cudowniejsze będzie twoje życie. Zajmowanie się tego rodzaju pracą *POPRAWIA SAMOPOCZUCIE.*

Zacznijcie dostrzegać rezultaty

Wykorzystując w praktyce możliwie jak najwięcej podanych tu metod, wkrótce zaczniesz spostrzegać u siebie rezultaty tej pracy. Zobaczysz małe cuda w twoim życiu. Rzeczy, które gotowy jesteś odrzucić, same z siebie odejdą. Rzeczy lub wydarzenia, jakich pragniesz, zaistnieją nieoczekiwanie i nie wiadomo skąd. Otrzymasz nagrody, o których nawet nie śniłeś!

Byłam zdumiona i zachwycona, gdy po kilku miesiącach pracy nad swoim umysłem zaczęłam wyglądać młodziej. Dzisiaj wyglądam o dziesięć lat młodziej niż dziesięć lat temu!

Kochaj siebie tym, kim jesteś, i takim, jakim jesteś, oraz kochaj to, co robisz. Śmiej się do siebie i do życia, bo nic nie może cię dotknąć. To wszystko i tak jest przecież tymczasowe. Następne życie przeżyjesz w zupełnie inny sposób, więc dlaczego nie zacząć żyć zupełnie inaczej od razu!

Możesz przeczytać jedną z książek Normana Cousinsa, który wyleczył się ze śmiertelnej choroby śmiechem. Niestety, nie zmienił wzorców myślenia, które spowodowały chorobę, więc popadł w inną. Jednakże wyleczył się śmiechem także z tej następnej!

Jest wiele różnych sposobów oddziaływania uzdrawiającego. Wypróbuj wszystkie, a następnie stosuj te, które ci najbardziej odpowiadają.

Kiedy kładziesz się wieczorem do łóżka, zamknij oczy, i jeszcze raz podziękuj za wszystko, co dobre w twoim życiu. To przyniesie ci jeszcze więcej dobra.

Nie słuchajcie wiadomości i nie oglądajcie dziennika telewizyjnego bezpośrednio przed położeniem się spać. Wiadomości to wyłącznie lista nieszczęść i katastrof, a tego nie chcecie przecież zabrać do swoich snów. Wiele pracy oczyszczającej dokonuje się podczas snu. Możecie poprosić swoje sny o współpracę w rozwiązaniu problemu, nad którym pracujecie. Budząc się rano często znajdziecie odpowiedź.

Kładźcie się spać w spokoju. Zaufajcie procesowi życia, uwierzcie, że jest po waszej stronie i dba o wszystko, czego potrzeba dla waszego największego dobra i największej radości.

Tego, co robisz, nie musisz traktować jako harówkę. Praca może być zabawą. Może być także grą. Może być też przyjemnością. To wszystko zależy od ciebie! Nawet ćwiczenie się w wybaczaniu i usuwanie urazy może być zabawą, jeśli tylko tak postanowisz. Ułóż krótką piosenkę o osobie, której jest ci trudno wybaczyć, lub o sytuacji, od której nie umiesz się uwolnić. Śpiewanie piosenki sprawi, że będzie ci o wiele lżej to uczynić. Gdy pracuję z pacjentami indywidualnie, staram się wywołać śmiech tak szybko, jak tylko to możliwe. Im szybciej możemy się pośmiać z całej sprawy, tym łatwiej jest „odpuścić" ją sobie.

Gdybyście tylko popatrzyli na swoje problemy w sposób przedstawiony w sztuce Neila Simona, pękalibyście ze śmiechu. Tragedia i komedia są jednym. To tylko zależy od waszego punktu widzenia! „My, śmiertelnicy, jakimiż głupcami jesteśmy".

Czyńcie wszystko, co możliwe, by przeobrażająca was zmiana była radością i przyjemnością. Bawcie się dobrze!

W bezkresie życia, w którym jestem,
wszystko jest doskonałe, całkowite i pełne.
Ja wspieram siebie, a życie wspiera mnie.
Dostrzegam wyraźnie przejawy działania Prawa wokół mnie
i w każdej dziedzinie mojego życia.
Wszystko to, czego się uczę,
wzmacniam radosnym nastawieniem.
Mój dzień zaczyna się wdzięcznością i radością.
Oczekuję z entuzjazmem nowych zdarzeń, jakie przyniesie
dzień wiedząc, że w moim życiu wszystko jest dobre.
Kocham siebie takim, jakim jestem,
i kocham wszystko, co czynię.
Jestem żywym, kochającym, radosnym przejawem życia.
Wszystko jest dobre w moim świecie.

Część 3

JAK WPROWADZIĆ
TE IDEE W ŻYCIE

Rozdział X

Związki uczuciowe

„Wszystkie moje związki są harmonijne".

Wydaje się, że w życiu wszystko polega na związkach. Jesteśmy ze wszystkim powiązani. Nawet teraz, czytając tę książkę, wchodzicie w relację z nią, ze mną i z moimi koncepcjami.

Związki, jakie macie z różnymi przedmiotami, z jedzeniem, pogodą, środkami transportu, z ludźmi – odzwierciedlają wasz stosunek do samych siebie. Jest on w bardzo dużym stopniu uzależniony od waszych kontaktów uczuciowych z dorosłymi w okresie dzieciństwa. Często odnosicie się do siebie w sposób, w jaki reagowali na was dorośli zarówno w sensie pozytywnym, jak i negatywnym.

Zastanówcie się przez moment, jakich słów używacie, karcąc siebie. Czy nie są to przypadkiem słowa, których używali rodzice, gdy was karcili? A jakimi słowami was chwalili? Jestem pewna, że w ten sam sposób chwalicie siebie.

Być może nigdy was nie chwalili, nie wiecie zatem, jakich słów użyć, i prawdopodobnie przypuszczacie, że nie ma powodów do pochwał. Nie ganię waszych rodziców, bo wszyscy jesteśmy ofiarami ofiar. Nie mogli was nauczyć tego, czego sami nie wiedzieli.

Sondra Ray – znana terapeutka w dziedzinie rebirthingu, która wniosła wiele do poznania problematyki związków uczuciowych – twierdzi, że wszystkie zasadnicze związki w naszym życiu są odbiciem stosunków, jakie łączyły nas z jednym z naszych rodziców. Twierdzi także, że dopóki nie uporządkujemy tych pierwszych relacji, nigdy nie będziemy na tyle wolni, by stworzyć związki uczuciowe dokładnie takie, jakie chcemy.

Związki uczuciowe są zwierciadłem nas samych. Przyciągane przez nas sytuacje lub osoby są odzwierciedleniem naszych cech lub przekonań na temat tych relacji. Jest to prawda bez względu na to, czy chodzi o szefa, współpracownika, pracownika, przyjaciela, kochanka, małżonka czy dziecko. W ludziach tych nie lubimy na ogół tego, co sami robimy czy chcielibyśmy robić, lub tego, czym jesteśmy. Nie przyciągalibyście ich lub nie byłoby ich w waszym życiu, gdyby nie to, że w jakiś sposób są waszym dopełnieniem.

Ćwiczenie: My kontra oni

Przyjrzyj się komuś, kto przeszkadza ci w życiu. Opisz trzy cechy osoby, której nie lubisz; cechy, które pragnąłbyś zmienić.

A teraz – zastanów się nad sobą i zapytaj siebie: W czym ja jestem taki sam i kiedy ja robię takie same rzeczy?

Zamknij oczy i zastanów się nad tym dłuższą chwilę.

Następnie zadaj sobie pytanie, czy chcesz się zmienić.

Gdy zaczniesz się uwalniać od tych wzorców, nawyków i przekonań w swoim myśleniu i zachowaniu – ulegną one zmianie lub znikną z twojego życia.

Jeśli masz szefa, który jest bardzo krytyczny i trudny do ugłaskania, zastanów się nad sobą. Albo ty masz podobny sposób zachowania, albo jesteś przekonany, że „szefowie są zawsze bardzo krytyczni i nie można ich nigdy zadowolić".

Jeśli masz pracownika, który nie słucha poleceń lub nie postępuje według instrukcji, zastanów się nad własnym zachowaniem i oczyść je. Wyrzucenie kogoś z pracy jest bardzo łatwe, ale to nie zmieni twojego wzorca.

A jeśli pracujesz z kimś, kto nie chce współdziałać i być częścią zespołu, zastanów się, jak ty się do tego przyczyniłeś. Kiedy nie chcesz współpracować?

Jeśli masz przyjaciela, na którym nie możesz polegać i który cię opuszcza w potrzebie, pomyśl, kiedy ty w swoim życiu, byłeś nieodpowiedzialny i kiedy zawodziłeś innych? Czy takie są twoje przekonania?

Jeśli masz kogoś, kogo kochasz, kto jest chłodny i sprawia wrażenie niezaangażowanego, zastanów się, czy nie ma w tobie przekonania, powstałego wskutek obserwowania w dzieciństwie rodziców, że „miłość jest chłodna i nie należy jej okazywać".

Jeśli masz małżonka, który narzeka i nie jest dla ciebie oparciem, znów zwróć uwagę na przekonania z okresu dzieciństwa. Czy któryś z twoich rodziców nie był taki? Czy ty nie postępujesz tak samo? Jeśli zwyczaje twojego dziecka denerwują cię, gwarantuję, że są to twoje zwyczaje. Dzieci uczą się, naśladując dorosłych ze swojego otoczenia. Pozbądź się tych nawyków, a zauważysz, że dzieci zmienią się automatycznie.

Oto jedyny sposób zmieniania innych – najpierw zmienić się samemu. Zmieńcie swoje wzorce, a wkrótce przekonacie się, że inni też się zmienili.

Czynienie zarzutów jest bezsensowne. Jest to rozpraszanie energii. Energię trzeba gromadzić. Bez niej niemożliwe byłyby zmiany. Bezsilna ofiara nie widzi wyjścia z sytuacji.

Przyciąganie miłości

Miłość przychodzi w takiej chwili, kiedy się jej najmniej spodziewamy i kiedy jej nie szukamy. Polowanie na miłość nigdy nie daje właściwego partnera. Powoduje tylko tęsknotę i nieszczęście. Miłość nigdy nie jest poza nami. Miłość jest w nas.

Nie nalegajcie, by przyszła od razu. Być może nie jesteście do niej gotowi lub niewystarczająco dojrzali, by otrzymać uczucie, jakiego pragniecie.

Nie decydujcie się na kogokolwiek, byle z kimś być. Uświadomcie sobie swoje możliwości. Jakiego rodzaju miłość chcielibyście przyciągnąć? Sporządźcie listę cech, jakie chcielibyście widzieć w waszym związku. Rozwińcie je w sobie, a tym samym przyciągniecie osobę o tych samych walorach.

Możecie przeanalizować przyczyny, które was od miłości odpychają. Czy jest to krytycyzm? Poczucie małej wartości? Nierozsądne wymagania? Wyobrażenia o gwiazdach filmowych? Lęk przed intymnością? Przekonanie, że nie jesteście warci miłości?

Bądźcie gotowi do miłości, kiedy ona przyjdzie. Przygotujcie pole i bądźcie gotowi podsycać miłość. Kochajcie, a będziecie kochani. Bądźcie otwarci i przyjmijcie miłość.

W bezkresie życia, w którym jestem, wszystko jest doskonałe,
całkowite i pełne.
Żyję w zgodzie i harmonii z każdym, kogo znam.
Głęboko w moim wnętrzu jest nieskończone źródło miłości.
Pozwalam teraz wypłynąć tej miłości na powierzchnię.
Wypełnia ona moje serce, moje ciało, mój umysł i świadomość,
całą moją istotę.
Promieniuje ze mnie we wszystkich kierunkach
i powraca do mnie pomnożona.
Im więcej miłości daję, tym więcej mam jej do dania.
Jej zasoby są nieograniczone.
Życie miłością sprawia, że czuję się dobrze;
jest wyrazem mojej wewnętrznej radości.
Kocham siebie i dlatego troszczę się o swoje ciało.
Z miłością odżywiam je wartościowym pokarmem i napojami.
Pielęgnuję je i ubieram,
a ono odpowiada mi tryskającym zdrowiem i energią.
Kocham siebie, dlatego zapewniam sobie wygodny dom,
który spełnia moje wymagania
i w którym przyjemnie jest być.
Przepełniam pokoje wibracją miłości, by każdy, kto wchodzi,
łącznie ze mną,
czuł tę miłość i mógł się nią żywić.

Kocham siebie,
przeto wykonuję pracę, która sprawia mi radość i pozwala
na wykorzystanie moich talentów i zdolności twórczych;
pracuję z ludźmi
i dla ludzi, których kocham i którzy mnie kochają,
i zarabiam wystarczająco dobrze.
Kocham siebie,
więc zachowuję się przyjaźnie wobec wszystkich ludzi,
ponieważ wiem, iż to, co daję, wraca do mnie zwielokrotnione.
Do mojego świata przyciągam tylko kochających ludzi,
bo oni są odbiciem mnie samego.
Kocham siebie,
dlatego wybaczam, całkowicie uwalniam się
od przeszłości oraz wszystkich minionych doświadczeń
i jestem wolny.
Kocham siebie,
więc żyję całkowicie teraźniejszością,
doświadczając każdej chwili jako dobrej.
Wiem, że moja przyszłość jest jasna, radosna i bezpieczna,
ponieważ jestem ukochanym dzieckiem Wszechświata,
Wszechświat zaś z miłością troszczy się o mnie,
teraz i zawsze.
Wszystko jest dobre w moim świecie.

 *Rozdział XI*

Praca

Mam głębokie poczucie spełnienia dzięki temu wszystkiemu, co
robię".

Czy nie byłoby wspaniale, aby powyższa afirmacja stała się dla
ciebie prawdziwa? Czy przypadkiem nie ograniczasz sam siebie
myśląc:

Nie mogę znieść tej pracy.
Nienawidzę szefa.
Nie zarabiam wystarczająco dużo.
Nie doceniają mnie w pracy.
Nie mogę dogadać się z ludźmi w pracy.
Nie wiem, co chciałbym robić.

To jest negatywne, obronne myślenie. Co dobrego z sobą niesie?
Jest to podejście do zagadnienia od niewłaściwej strony.

Jeśli macie zajęcie, na którym wam nie zależy, jeśli chcecie zmienić
stanowisko, jeśli macie kłopoty w pracy lub ją straciliście – oto
najlepszy sposób potraktowania problemu:

Zacznijcie odnosić się życzliwie do swojej aktualnej pracy. Zrozumcie, że jest to tylko stopień na waszej ścieżce. Jesteście w tym
właśnie punkcie, bo takie były wasze wzorce myślowe. Jeśli „oni"
nie traktują was tak, jak chcielibyście być potraktowani, to w waszej
świadomości jest jakiś wzorzec wywołujący takie właśnie zachowania. A więc zastanówcie się nad swoją aktualną pracą lub nad tą, jaką
mieliście ostatnio, i zacznijcie życzliwie traktować wszystko – budy-
nek, windę lub schody, pokoje, umeblowanie i urządzenia, ludzi, dla

których pracujecie, i ludzi, z którymi pracujecie, oraz absolutnie każdego klienta.

Zacznijcie utwierdzać się w przekonaniu, że: „Zawsze pracuję dla wspaniałego szefa", „Mój szef traktuje mnie z szacunkiem i grzecznie" i „Mój szef jest wspaniałomyślny i łatwy we współpracy". To się przeniesie na całe wasze życie, a kiedy sami zajmiecie kierownicze stanowisko, będziecie także właśnie tacy.

Pewien młody mężczyzna miał rozpocząć nową pracę i był zdenerwowany. Przypominam sobie, jak mówiłam: „Dlaczego miałoby ci się nie udać? Oczywiście odniesiesz sukces. Otwórz swoje serce i pozwól rozwinąć się twoim uzdolnieniom. Odnieś się życzliwie do układów, w jakich się znalazłeś, i ludzi, z którymi i dla których pracujesz, absolutnie każdego klienta, a wszystko pójdzie dobrze".

Zrobił tak i odniósł sukces.

Jeśli chcesz opuścić swoje miejsce pracy, zacznij przekonywać się, że oddajesz swoją aktualną pracę z miłości osobie, która będzie zachwycona możnością przejęcia jej. Wiedzcie, że są ludzie czekający dokładnie na to, co ty masz do zaoferowania, i że spotykacie się na szachownicy życia na równych prawach.

Afirmacja pracy

„Jestem całkowicie otwarty i przygotowany do objęcia wspaniałego nowego stanowiska, na którym wykorzystam wszystkie moje uzdolnienia i możliwości. Pozwolą mi one na twórcze spełnienie. Pracuję dla ludzi i z ludźmi, których kocham i którzy mnie kochają i szanują, miejsce pracy mi odpowiada, a wynagrodzenie jest dobre".

Jeśli jest w pracy ktoś, kto wam przeszkadza, potraktujcie go przyjaźnie, ilekroć o nim pomyślicie. W każdym z nas jest choćby jedna dobra cecha. *I choć nie staniemy przed takim wyborem, każdy z nas mógłby zostać Hitlerem lub Matką Teresą.* Jeśli osoba ta jest krytyczna, postarajcie się podkreślać, że jest ona miłym czowiekiem i dobrze jest z nią być. Jeśli są to ludzie zrzędliwi, podkreślajcie ich radosny i miły stosunek do wszystkich wokół. Jeśli są okrutni, podkreślajcie ich łagodność i współczucie. Jeśli w danej osobie zobaczycie tylko dobre cechy, to cechy te zostaną wam przez nią okazane, bez względu na to, jaka będzie ona dla innych.

Przykład

Nowa praca mojego pacjenta polegała na grze na fortepianie w klubie, którego szef znany był z podłości i grubiaństwa. Pracownicy zwykli byli nazywać go za jego plecami „mierć". Proszono mnie o pomoc w tej sytuacji.

Odpowiedziałam: „We wnętrzu każdej bez wyjątku osoby są wszystkie dobre cechy charakteru. Bez względu na to, jak inni ludzie na niego reagują, nie ma to nic wspólnego z tobą. Ilekroć pomyślisz o tym człowieku, potraktuj go z miłością. Utwierdzaj się w przekonaniu, że zawsze pracujesz dla znakomitych szefów. Czyń to wielokrotnie".

Przyjął moją radę i zastosował się do niej dokładnie. Mój pacjent zaczął otrzymywać ciepłe pozdrowienia i wkrótce szef zaczął wręczać mu premie i znalazł inne kluby, w których mógł on grywać. Inni pracownicy, którzy kontynuowali swoje negatywne myślenie o szefie, w dalszym ciągu byli źle traktowani.

Jeśli lubisz swoją pracę, lecz masz poczucie, że nie płacą ci wystarczająco, zacznij przyjmować z wdzięcznością swoje dotychczasowe wynagrodzenie. Wyrażanie wdzięczności za to, co już mamy, pozwala temu wzrastać. Utwierdzaj się w wierze, że otwierasz teraz swoją świadomość na większą zamożność i że CZĘŚCIĄ tej zamożności jest wyższe wynagrodzenie. Utwierdzaj się w przekonaniu, że zasługujesz na podwyżkę nie z przyczyn negatywnych, lecz po prostu dlatego, że jesteś bardzo wartościowy dla firmy i firma chce się z tobą podzielić zyskami. Staraj się pracować jak najlepiej, wtedy Wszechświat będzie wiedział, że zasługujesz, aby awansować cię na inną i nawet lepszą pozycję.

Twoje obecne miejsce wyznacza ci twoja świadomość. Świadomość albo zatrzyma cię w obecnym miejscu, albo wyniesie na lepsze stanowisko. To zależy od ciebie.

W bezkresie życia, w którym jestem,
wszystko jest doskonałe, całkowite i pełne.
Moje niepowtarzalne zdolności i umiejętności
napełniają mnie
i wyrażają się w sposób głęboko mnie satysfakcjonujący.
Zawsze jest ktoś, kto szuka tego, co mam do zaoferowania.
Zawsze jest zapotrzebowanie na moją ofertę
i mogę wybierać, co chcę robić.
Zarabiam wystarczająco dużo robiąc to,
co sprawia mi satysfakcję.
Moja praca to radość i przyjemność.
W moim świecie wszystko jest dobre.

♥ Rozdział XII

Sukces

"Każde doświadczenie jest sukcesem".

Co to właściwie znaczy "porażka"? Czy znaczy to, że coś nie wyszło tak, jak tego chciałeś lub jak się spodziewałeś? Prawo doświadczenia jest zawsze doskonałe. W doskonały sposób uzewnętrzniamy nasze wewnętrzne myśli i przekonania. Musieliście ominąć jakiś krok lub być wewnętrznie przekonani, że na coś nie zasługujecie – albo czuliście się tego niewarci.

Podobnie jest, gdy pracuję z komputerem. Jeśli jest jakiś błąd, to ja go popełniam. Jest to coś, czego nie zrobiłam zgodnie z zasadami działania komputera i oznacza, że muszę się jeszcze czegoś nauczyć.

Stare powiedzenie mówi: "Jeśli nie udało ci się za pierwszym razem, postaraj się zrobić to jeszcze raz", i jest to takie prawdziwe. Nie znaczy to jednak, byś miał zmuszać się do ponawiania prób w ten sam stary sposób, ale byś rozpoznał swój błąd i spróbował innego sposobu – dopóki nie nauczysz się robić tego poprawnie.

Myśl, że naszym naturalnym prawem jest przechodzenie przez życie od sukcesu do sukcesu. Jeśli tego nie robimy, to albo nie działamy zgodnie z wrodzonymi predyspozycjami, albo nie dowierzamy, że nam się powiedzie, lub też nie uznajemy naszego sukcesu.

Jeśli na początkowym etapie stawiamy sobie zbyt wygórowane wymagania, prawdopodobnie nieosiągalne w tej chwili, zawsze poniesiemy porażkę.

Gdy małe dziecko uczy się chodzić lub mówić, zachęcamy je i chwalimy za każde najmniejsze osiągnięcie. Uradowane dziecko chętnie stara się wykonywać te czynności coraz lepiej. Czy tak właśnie dodajesz sobie otuchy, gdy uczysz się czegoś nowego? Czy też, przeciwnie, utrudniasz sobie zadanie mówiąc, że jesteś głupi, niezręczny lub „jakiś nieudany"?

Wiele aktorek i aktorów jest przekonanych, iż muszą być znakomicie przygotowani do pierwszej próby. Ja zaś przypominam im, że celem prób jest nauka. Przesłuchania i próby to czas przygotowań, w którym robi się błędy, w którym próbuje się nowych rozwiązań i uczy się. Tylko przez wielokrotne powtarzanie uczymy się nowego, aż stanie się naszą naturalną umiejętnością. Kiedy patrzycie na wybitnego specjalistę w jakiejkolwiek dziedzinie, oglądacie rezultat niezliczonych godzin ćwiczeń i praktyki.

Nie róbcie tego, co ja kiedyś robiłam – odmawiałam próbowania czegokolwiek nowego, ponieważ nie wiedziałam, jak to zrobić, a nie chciałam wypaść głupio. Proces uczenia się polega na robieniu błędów, dopóki w naszej podświadomości nie ułoży się prawidłowy obraz tego, czego się uczymy.

Nie ma znaczenia, jak długo uważaliście się za nieudaczników. Tworzenie wzorca „sukcesu" możecie zacząć już teraz. Nie ma też znaczenia, na jakim polu będziecie chcieli działać. Zasady są te same. Trzeba zasiać „ziarno" sukcesu. To ziarno wyda obfity plon.

Oto przykłady afirmacji sukcesu, jakie możecie zastosować:

Boska Inteligencja obdarza mnie wszelkimi ideami, które mogę wprowadzić w życie.

Wszystko, czego dotknę, zostaje uwieńczone powodzeniem.

Wszystkiego jest pod dostatkiem dla wszystkich, ze mną włącznie.

Mnóstwo klientów czeka na to, co mam do zaoferowania.

Przyjmuję nowy sposób myślenia, świadomość sukcesu.

Zaliczam siebie do kategorii ludzi sukcesu.

Jestem magnesem dla darów fortuny.

Spotykają mnie dobrodziejstwa ponad moje najśmielsze marzenia.

Spływa na mnie obfitość wszelkiego rodzaju.

Wszędzie czekają na mnie wspaniałe okazje.

Wybierzcie którąkolwiek z tych afirmacji i powtarzajcie ją przez szereg dni. Następnie wybierzcie inną i róbcie to samo. Pozwólcie tym ideom wypełnić waszą świadomość. Nie martwcie się, „jak" mają się one urzeczywistnić. Okazje same utorują sobie drogę. Uwierzcie swojej inteligencji. Ona was poprowadzi. Zasługujecie na to, by odnieść sukces w każdej dziedzinie życia.

W bezkresie życia, w którym jestem,
wszystko jest doskonałe, całkowite i pełne.
Jestem jednością z Potęgą, która mnie stworzyła.
Wszystko, co jest potrzebne do odniesienia sukcesu,
jest we mnie.
Pozwalam teraz,
aby świadomość sukcesu ugruntowała się we mnie
i zaczęła przejawiać się w moim świecie.
Wszystko, ku czemu się skieruję, będzie sukcesem.
Z każdego doświadczenia wyciągam naukę.
Kroczę od sukcesu do sukcesu; od zaszczytu do zaszczytu.
Moja ścieżka to szereg stopni
prowadzących do coraz większych sukcesów.
Wszystko jest dobre w moim świecie.

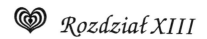 *Rozdział XIII*

Powodzenie w życiu

„Zasługuję na to, co najlepsze, i akceptuję to, co najlepsze".

Jeśli chcesz, aby powyższa afirmacja stała się dla ciebie prawdą, musisz odrzucić następujące opinie:
Pieniądze nie rosną na drzewach.
Pieniądze są czymś brudnym.
Pieniądze są złem.
Jestem biedny, ale mam czyste ręce.
Ludzie bogaci to kombinatorzy.
Nie chcę mieć pieniędzy i być ich niewolnikiem.
Nigdy nie dostanę dobrej pracy.
Nigdy nie zrobię jakichkolwiek pieniędzy.
Pieniądze szybciej się wydaje, niż zarabia.
Zawsze jestem w długach.
Biednym trudno jest się przebić.
Moi rodzice byli biedni i ja też będę biedny.
Artyści muszą borykać się z biedą.
Tylko oszuści mają pieniądze.
Zawsze ktoś mnie ubiegnie.
Nie ośmieliłbym się zażądać tak wiele.
Nie zasługuję na to.
Nie jestem dość dobry, by robić pieniądze.
Nigdy nie mówię nikomu, ile mam oszczędności.
Nie pożyczaj pieniędzy.
Grosz do grosza, a uzbiera się spora sumka.
Oszczędzaj na czarną godzinę.

Bieda może przyjść w każdej chwili.
Drażnią mnie ludzie posiadający pieniądze.
Pieniądze można zdobyć tylko ciężką pracą.

Ile z tych przekonań uważasz za swoje? Czy rzeczywiście sądzisz, że wiara w którykolwiek z powyższych poglądów przyniesie ci powodzenie? Jest to przestarzały, ograniczający sposób myślenia. Być może taki stosunek do pieniędzy obowiązywał w twojej rodzinie. Często przekonania wyniesione z domu rodzinnego towarzyszą nam tak długo, aż ich świadomie nie zmienimy. Skądkolwiek by one pochodziły, muszą opuścić naszą świadomość, jeśli chcemy dojść do dobrobytu.

Moim zdaniem prawdziwa pomyślność zaczyna się wraz z dobrym samopoczuciem. Jest to także poczucie wolności robienia tego, na co ma się ochotę, i wtedy, kiedy ma się na to ochotę. To nie jest kwestia pieniędzy, lecz stanu ducha. Pomyślność lub jej brak jest tylko zewnętrznym wyrazem naszych wewnętrznych przekonań.

Zasługiwanie

Jeśli nie chcemy zaakceptować przekonania, że „zasługujemy" na pomyślność, to nawet jeśli spotka nas coś pomyślnego, nie będziemy umieli z tego skorzystać. Spójrzcie na ten przykład:

Uczestnik jednej z moich grup poświęconych tematowi powodzenia życiowego przyszedł kiedyś na zajęcia bardzo podekscytowany, bo wygrał pięćset dolarów. Powtarza bez przerwy: „Nie mogę w to uwierzyć! Nigdy niczego nie wygrałem". Wiedzieliśmy, że wygrana była odbiciem jego zmieniającej się świadomości. On jednak nadal czuł, że tak naprawdę nie zasługiwał na to. W następnym tygodniu nie mógł przyjść na zajęcia, ponieważ złamał nogę. Rachunki, jakie musiał zapłacić za leczenie, wyniosły pięćset dolarów.

Był wystraszony, że może zrobić krok do przodu, krok w kierunku dobrobytu, i czując, że nie zasługuje na to, sam ukarał się w ten sposób.

Gdy koncentrujemy się na osiągnięciu powodzenia życiowego, nie zżymajmy się nad rachunkami, które mamy do zapłacenia. Jeśli będziesz koncentrować się na brakach i długach, będziesz tworzyć ich coraz więcej. Wszechświat zaopatruje nas obficie we wszystko. Zacznij być tego świadomy. Znajdź czas na policzenie wieczorem gwiazd na bezchmurnym niebie, ziarenek piasku w dłoni, liści na gałęzi, kropli deszczu na parapecie, pestek w pomidorze. Każde nasionko może stworzyć całą roślinę z niezliczoną ilością owoców. Bądź wdzięczny za to, co masz, a będziesz świadkiem pomnożenia tego. Lubię z wdzięczną miłością odnosić się do wszystkiego, co mam – mojego domu, ogrzewania, wody, światła, telefonu, mebli, urządzeń hydraulicznych, wszelkiego innego wyposażenia, ubrań; tego, czym się poruszam, wszelkich prac, pieniędzy, które mam, przyjaciół, moich zmysłów wzroku, czucia, smaku i dotyku, zdolności poruszania się – i cieszyć się tą naszą cudowną planetą.

Nasze przekonania o brakach i ograniczeniach to jedyna rzecz, która nas ogranicza. Jakie przekonania ograniczają ciebie?

Czy chcesz mieć pieniądze tylko po to, by móc pomagać innym? W takim razie uważasz, że nie jesteś wart, aby samemu z nich korzystać.

Upewnij się, że nie odrzucasz teraz dobrobytu. Jeśli przyjaciel zaprasza cię na obiad czy kolację, przyjmij zaproszenie z radością i przyjemnością. Nie miej poczucia, że prowadzisz jakąś „interesowną grę" z ludźmi. Jeśli dostaniesz prezent, przyjmij go z wdzięcznością. Jeśli ci się nie przyda, przekaż go komuś innemu. Pozwól, by sprawy i rzeczy przepływały przez twoje ręce. Uśmiechnij się po prostu i powiedz: „Dziękuję". W ten sposób dasz znać Wszechświatowi, że jesteś gotów otrzymać swoje dobro.

Zróbcie miejsce dla nowego

Zrób miejsce dla nowego. Oczyść lodówkę, pozbądź się wszystkich resztek jedzenia owinitych w folię. Oczyść szafy i wyrzuć rzeczy, których nie używałeś około pół roku. Jeśli nie używałeś ich przez rok, to pozbądź się ich zdecydowanie. Sprzedaj, odstąp, rozdaj lub wyrzuć.

Zapchane szafy oznaczają zapchany umysł. Robiąc porządki w szafie, mów do siebie: „Robię porządki w swojej głowie". Wszechświat kocha gesty symboliczne.

Gdy po raz pierwszy usłyszałam zdanie: „Obfitość Wszechświata jest dostępna dla każdego", uważałam, że jest to śmieszne.

„Spójrz na tych wszystkich biednych ludzi – powiedziałam sobie – spójrz na swoją własną beznadziejną biedę". Gdy słyszałam zdanie: „Twoja bieda jest jedynie przekonaniem tkwiącym w twojej świadomości", budziło to we mnie tylko złość. Wiele lat musiało minąć, zanim uzmysłowiłam sobie i zaakceptowałam fakt, iż tylko ja sama jestem odpowiedzialna za swój brak pomyślności. Byłam przekonana, że jestem „bezwartościowa" i nie „zasługuję", że „trudno jest zdobyć pieniądze" oraz że „nie mam uzdolnień lub predyspozycji" – i te przekonania trzymały mój umysł w odrętwiającej „niemożności".

PIENIĄDZE POJAWIAJĄ SIĘ W SPOSÓB NAJŁATWIEJSZY POD SŁOŃCEM! Jak reagujesz na takie twierdzenie? Wierzysz w to? Denerwuje cię to? Jesteś obojętny? Masz ochotę rzucić tę książkę w kąt? Jeśli zareagowałeś w jeden z powyższych sposobów, to dobrze. Dotknęłam czegoś tkwiącego bardzo głęboko w tobie, właśnie tego, co najbardziej opiera się prawdzie. Właśnie nad tym musisz pracować. Nadszedł czas otwarcia się na możliwość otrzymania pieniędzy i wszelkich innych dóbr.

Kochajcie swoje rachunki

Zasadniczą sprawą jest, abyśmy przestali martwić się o pieniądze i zżymać na rachunki. Wiele osób traktuje rachunki jako karę, której należy unikać, o ile to możliwe. Rachunek jest potwierdzeniem naszej zdolności płacenia. Wierzyciel zakłada, że jesteś wystarczająco zasobny, i wykonuje dla ciebie usługę lub jakiś produkt. Ja błogosławię i stempluję pocałunkiem każdy czek, jaki wystawiam. Jeśli płacisz z oburzeniem, to pieniądze przychodzą do ciebie z trudem. Jeśli płacisz z miłością i radością, to otwierasz kanały swobodnego przepływu obfitości. Traktuj swoje pieniądze jak przyjaciół, a nie jak coś, co ściskasz w garści i więzisz w kieszeni.

Twoje bezpieczeństwo to nie praca, konto w banku, inwestycje, małżonek czy rodzice. Twoje bezpieczeństwo to zdolność łączenia się z kosmiczną mocą, która tworzy wszystkie rzeczy. Lubię myśleć, że moc, która jest we mnie, która porusza moim ciałem, jest tą samą mocą, która w sposób łatwy i prosty zapewnia mi wszystko, czego potrzebuję. Wszechświat jest hojny i bogaty, a naszym przyrodzonym prawem jest być zaopatrzonym we wszystko, co jest nam potrzebne, chyba że chcemy wierzyć, że jest odwrotnie.

Błogosławię mój telefon, ilekroć go używam, i afirmuję często, że przyczynia się jedynie do mojego powodzenia i wyrażania miłości. Podobnie odnoszę się do skrzynki na listy, która każdego dnia wypełnia się przesyłkami zwiastującymi pieniądze oraz pełnymi przyjaznych uczuć listami od przyjaciół, pacjentów i czytelników mojej książki. Rachunki, jakie przychodzą, cieszą mnie ogromnie. Dziękuję różnym firmom za zaufanie do moich możliwości płatniczych. Błogosławię mój dzwonek u drzwi, wiem bowiem, że tylko dobro wchodzi do mojego domu. Oczekuję, że moje życie będzie dobre i radosne, i takie jest!

Te idee odnoszą się do każdego

Jeden z moich pacjentów chciał powiększyć swój interes, więc przyszedł do mnie na zajęcia na temat powodzenia życiowego. Czuł, że jest dobry w swoim zawodzie, i chciał zarabiać 100 000 dolarów rocznie. Podsunęłam mu te same idee, które przedstawiam powyżej, i wkrótce uzyskał pokaźne pieniądze. Zainwestował je w chińską porcelanę. Spędzał dużo czasu w domu, ciesząc się pięknem stale powiększającej się kolekcji.

Cieszmy się powodzeniem innych

Nie opóźniajcie swojej własnej pomyślności zazdrością lub oburzeniem z powodu większych osiągnięć innych osób. Nie krytykujcie ich sposobu wydawania pieniędzy. To nie wasza sprawa.

Każdy człowiek działa zgodnie ze swoim stanem świadomości. Zajmujcie się swoimi własnymi myślami. Błogosławcie zasobność innych i wiedzcie, że dla wszystkich wystarczy. Czy jesteście skąpi w dawaniu? Czy skąpicie ludziom dobrego słowa, pozdrowień, napiwków? Czy robicie drobne oszczędności, gdy nie trzeba, kupując wczorajsze warzywa lub pieczywo? Czy robicie zakupy w tanim sklepie lub zawsze zamawiacie najtańsze danie? Jest prawo „popytu i podaży". Najpierw występuje zapotrzebowanie. Pieniądze mają to do siebie, że przychodzą, kiedy są potrzebne. Najbiedniejsza rodzina zawsze zbierze pieniądze na urządzenie pogrzebu.

Wizualizacja – ocean obfitości

Świadomość powodzenia życiowego nie zależy od pieniędzy, ale napływ pieniędzy zależy od twojej świadomości powodzenia życiowego. Im więcej możesz ogarnąć swoją wyobraźnią, tym więcej pojawi się w twoim życiu.

Uwielbiam następującą wizualizację: stoję nad brzegiem morza i patrzę na ogromny ocean wiedząc, że ten ocean jest obfitością dostępną dla mnie. Spójrz teraz na swoje dłonie i zobacz, jaki rodzaj pojemnika trzymasz w ręku. Łyżeczkę do herbaty, naparstek z dziurą, papierowy kubek, szklankę, dzbanek, wiadro, wannę, a może rurociąg podłączony do oceanu obfitości? Rozejrzyj się wokół i zobacz, że bez względu na to, ilu jest ludzi i jakich pojemników by użyli, wystarczy dla każdego. Nie możesz nikomu niczego odebrać i oni nie mogą zabrać tobie. W żaden sposób nie wyczerpiecie wszystkiej wody z oceanu. Twój pojemnik to twoja świadomość i zawsze może być wymieniony na większy. Rób to ćwiczenie często, by mieć poczucie bezmiernej przestrzeni nieograniczonych możliwości zaspokojenia twoich potrzeb.

Otwórzcie ramiona

Przynajmniej raz dziennie siadam z ramionami uniesionymi i rozchylonymi i mówię: „Jestem otwarta i gotowa na przyjęcie całego dobra i obfitości Wszechświata". Daje mi to poczucie nieograniczonych możliwości.

Wszechświat może mi udzielić tylko tego, co pojawi się w mojej świadomości, a ja przecież ZAWSZE mogę stworzyć w niej coś więcej. Jest ona jak bank kosmiczny. Zwiększając swoją świadomość tworzenia własnych możliwości składam w umyśle depozyty. Medytacje, różne metody leczenia i afirmacje są depozytami mentalnymi. Wytwórzmy w sobie nawyk czynienia ich codziennie.

Robienie coraz większych pieniędzy to nie wszystko. Chcemy się nimi cieszyć. Czy pozwalasz sobie na przyjemność korzystania z pieniędzy? Jeśli nie, to dlaczego? Najmniejszy drobiazg, jaki możesz sobie podarować, sprawi ci przecież przyjemność. Czy w minionym tygodniu zrobiłeś sobie jakąś frajdę, korzystając ze swoich pieniędzy? Dlaczego nie? Które z twoich starych przekonań powstrzymało cię? Pozwól mu odejść.

Pieniądze nie muszą być czymś ważnym w życiu. Wyobraźcie to sobie w perspektywie. Pieniądze to sposób wymiany. To wszystko, czym są. Co byście robili i co byście mieli, jeśli nie potrzebowalibyście pieniędzy?

Jerry Gilles – który napisał książkę *MIŁOŚĆ DO PIENIĘDZY*, jedną z najlepszych na ten temat, jaką znam – proponuje, byśmy ustanowili dla siebie coś w rodzaju „grzywny ubóstwa". Ilekroć pomyślimy lub powiemy coś negatywnego o swojej sytuacji finansowej, wymierzmy sobie grzywnę określonej wysokości i włóżmy do skarbonki. Z końcem tygodnia powinniśmy wydać te pieniądze na jakąś przyjemność.

Powinniśmy wstrząsnąć swoimi poglądami na temat pieniędzy. Stwierdziłam, że łatwiej jest przeprowadzić seminarium na tematy seksualne niż na temat pieniędzy. Ludzie wściekają się, gdy ich poglądy dotyczące pieniędzy są kwestionowane. Nawet uczestnicy seminarium, którzy koniecznie chcą dokonać zmian na lepsze w swoich finansach, wpadają w szał, gdy usiłuję zmienić ograniczające ich przekonania.

„Pragnę się zmienić". „Chcę odrzucić stare, negatywne przekonania". Czasami musimy dużo pracować nad tymi dwiema afirmacjami, by móc otworzyć przestrzeń dla tworzenia pomyślności.

Musimy uwolnić się od mentalności „ustalonego wynagrodzenia".
Nie ograniczajcie szczodrości Wszechświata twierdząc, że macie
TYLKO pewną określoną pensję lub dochód. Ta pensja czy dochód
jest tylko *KANAŁEM, A NIE ŹRÓDŁEM*. Wasze zaopatrzenie pochodzi tylko z jednego źródła, z samego Wszechświata.
Jest nieskończenie wielka liczba tych kanałów. Musimy się na nie
otworzyć. Musimy zaakceptować w świadomości, że zaopatrzenie
może przyjść zewsząd. A wtedy, idąc ulicą i znajdując pieniążek,
mówimy temu źródłu: „Dziękuję". To może być bardzo niewiele, lecz
w ten sposób zaczynają się otwierać nowe kanały.
„Jestem otwarty i gotowy do przyjęcia nowych dróg przypływu
pieniędzy".
„Przyjmuję dobro z oczekiwanych i nieoczekiwanych źródeł".
„Jestem nieograniczonym bytem czerpiącym z nieograniczonego
źródła w nieograniczony sposób".

Radość z małych nowych początków

Gdy zaczynamy pracować nad poprawą naszego powodzenia życiowego, na każdym etapie otrzymujemy tyle, na ile naszym zdaniem
zasługujemy. Pewna pisarka pracowała nad zwiększeniem swoich
dochodów. Jedna z jej afirmacji brzmiała: „Zarabiam całkiem dobrze,
będąc pisarką". W trzy dni później poszła do kawiarni, w której często
jadała śniadanie. Usiadła przy stoliku i rozłożyła papiery, nad którymi
pracowała. Kierownik lokalu podszedł do niej i zaproponował: „Pani
jest pisarką. Czy nie zechciałaby pani napisać czegoś dla mnie?"
Przyniósł jej kilka małych blankietów ze znakiem firmowym i po-
prosił o napisanie na każdej karcie „Specjalny lunch z indyka.
$ 3.95". W zamian zaoferował jej bezpłatne śniadanie.
To małe wydarzenie ukazało początek zmiany w jej świadomości.
Od tego czasu zaczęła sprzedawać swoje prace.

Uznawanie dobrobytu

Zacznijcie uznawać dobrobyt wszędzie i radować się nim. Wieleb-
ny Ike, znany w Nowym Jorku ewangelista, wspominał, że w cza-

sach, gdy był biednym kaznodzieją, przechodząc koło dobrych re-
stauracji, domów, samochodów i magazynów z odzieżą, zwykł mówić głośno: „To wszystko dla mnie, to wszystko dla mnie". Pozwólcie, by i wam dawały przyjemność luksusowe domy, banki, elegan-
ckie magazyny i sklepy różnego rodzaju, a nawet jachty. Zrozumcie,
że to wszystko jest częścią obfitości, która jest także waszą obfitością,
a rozszerzacie swoją świadomość po to, by uczestniczyć w tych do-
brach, jeśli takie będzie wasze pragnienie. Gdy widzisz dobrze ubra-
nych ludzi, pomyśl: „Czyż to nie wspaniałe, że oni mają tak dużo
wszystkiego? Istnieje dostatek, którego wystarczy dla nas wszystkich".

Nie chcemy dóbr należących do innych. Chcemy mieć nasze
własne dobro.

A jednak nie posiadamy niczego. Jesteśmy tylko użytkownikami
posiadanych rzeczy przez pewien czas, dopóki nie przejdą one w inne
ręce. Czasami jakaś własność pozostaje w rękach jednej rodziny
przez kilka pokoleń, lecz ona także przejdzie w inne ręce. To naturalny rytm i nurt życia. Coś przychodzi, coś odchodzi. Jestem przekonana, że gdy coś odchodzi, czyni tym samym miejsce dla czegoś
nowego i lepszego.

Zaakceptujcie komplementy

Tak wielu ludzi pragnie bogactwa, a nie potrafi przyjąć pochwały.
Znam dobrze zapowiadających się aktora i aktorkę. Oboje pragną być
„gwiazdami", a jednak krzywią się, słysząc komplementy.

Pochwały to prezenty pomyślności. Nauczcie się przyjmować je
z wdzięcznością. Moja matka wcześnie nauczyła mnie uśmiechać się
i dziękować za otrzymany komplement lub prezent. To było wypo-
sażenie na całe moje życie.

Jeszcze lepiej, gdy przyjmując słowa uznania odda się je ofiaro-
dawcy, tak by również on lub ona czuli się obdarowani. Jest to sposób
na utrzymanie przepływu dobroci.

Raduj się dostatkiem i tym, że możesz budzić się każdego ranka
i doświadczać nowego dnia. Bądź wdzięczny za to, że żyjesz, jesteś

zdrowy, masz przyjaciół, możesz tworzyć – za to, że jesteś żywym
przykładem radości życia. Żyj w pełni świadomie. Raduj się swoim
procesem przemian.

W bezkresie życia, w którym jestem,
wszystko jest doskonałe, całkowite i pełne.
Jestem jednością z Potęgą, która mnie stworzyła.
Jestem całkowicie otwarty na przyjęcie obfitego strumienia
pomyślności, który ofiarowuje mi Wszechświat.
Wszystkie moje potrzeby i życzenia są spełnione, nim zdążę je
wyrazić.
Prowadzi mnie i chroni Boska Opatrzność
i dokonuję wyboru tego, co jest dla mnie korzystne.
Raduję się sukcesem innych wiedząc,
że dostatek jest udziałem wszystkich.
Stale rozbudowuję swoje świadome przekonanie o obfitości,
co korzystnie wpływa na moje dochody.
Moje dobro przychodzi zewsząd i od wszystkich.
Wszystko jest dobre w moim świecie.

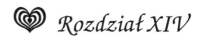 *Rozdział XIV*

Ciało

„Z miłością słucham komunikatów mojego ciała".

Jestem przekonana, że sami tworzymy w naszym ciele wszystkie tak zwane choroby. Ciało, jak wszystko w życiu, jest lustrzanym odbiciem naszych myśli i przekonań. Ciało zawsze do nas mówi, jeśli tylko spokojnie go posłuchamy. Każda komórka naszego ciała odpowiada na każdą myśl, jaką tworzymy, i na każde wypowiadane przez nas słowo.

Trwale utrzymujące się sposoby myślenia i mówienia tworzą działania i postawy ciała, jego zdrowie lub chorobę. Osoba mająca stale ponury wyraz twarzy nie stworzyła go radosnymi i pełnymi miłości myślami. Twarze i postawy starszych osób ukazują dokładnie ich życiowy wzorzec myślenia. A jak ty będziesz wyglądał w podeszłym wieku?

W tym rozdziale przedstawiam *listę prawdopodobnych wzorców myślowych*, które powodują choroby ciała, jak również wzory nowych myśli lub afirmacji, które mają zastosowanie w tworzeniu zdrowia. Ukazały się one w mojej książce ULECZ SWOJE CIAŁO. Dodatkowo prześledzę niektóre z najczęściej spotykanych przypadków i wyjaśnię, w jaki sposób tworzymy te problemy.

Nie każdy z tych wzorców myślowych jest w stu procentach trafny w odniesieniu do każdego. Może być jednak punktem wyjścia do rozpoczęcia poszukiwania przyczyny choroby. Wiele osób, zajmujących się alternatywnymi metodami leczenia, stosuje książkę ULECZ SWOJE CIAŁO przez cały czas pracy z pacjentem. Stwierdzają oni, że przyczyny psychiczne sprawdzają się w dziewięćdziesięciu do dziewięćdziesięciu pięciu procent przypadków.

☆☆☆

GŁOWA reprezentuje nas. To jest to, co pokazujemy światu. Dzięki niej jesteśmy zazwyczaj rozpoznawani. Jeśli dzieje się coś złego w obrębie głowy, oznacza to zwykle sygnał, że coś bardzo złego dzieje się z „nami".

WŁOSY symbolizują siłę. Gdy jesteśmy spięci i zaniepokojeni, często tworzymy jakby stalowe opaski biorące początek z mięśni ramion i dochodzące do szczytu głowy. Czasami nawet sięgają do oczu. Każdy włos rośnie dzięki mieszkowi. Gdy skóra na głowie jest napięta, włos ulega zgnieceniu i nie mogąc oddychać, zamiera i wypada. Jeśli napięcie utrzymuje się przez dłuższy czas i skóra na głowie nie odpoczywa, mieszki włosowe są tak ściśnięte, że nowy włos nie może się przebić. W rezultacie powstaje łysina.

Łysienie u kobiet występuje coraz częściej od czasu, gdy rozpoczęły one działalność w świecie biznesu, poddając się wszystkim jego napięciom i frustracjom. Nie bardzo jesteśmy tego świadomi, głównie ze względu na peruki damskie, które wyglądają tak naturalnie i atrakcyjnie. Niestety, męskie peruczki są rozpoznawalne z dość dużej odległości.

Napięcie nie jest oznaką siły. Napięcie to słabość. Bycie rozluźnionym, skupionym i spokojnym oznacza siłę i bezpieczeństwo. Byłoby dobrze, gdybyśmy bardziej odprężyli nasze ciała, a wielu z nas potrzebowałoby także rozluźnienia skóry na głowie.

Spróbujcie teraz. Powiedzcie swojej skórze, by odpoczęła, i sprawdźcie, czy czujecie różnicę. Jeśli zauważycie, że skóra na głowie w widoczny sposób rozluźniła się, sugerowałabym częste powtarzanie tego ćwiczenia.

USZY reprezentują zdolność słuchania. Gdy występują kłopoty ze słuchem, oznacza to zazwyczaj, że dzieje się coś takiego, czego nie chcecie słuchać. Ból ucha mógłby wskazywać na złość spowodowaną tym, co się słyszy.

Ból uszu jest pospolity u dzieci. Często nie mając na to ochoty muszą słuchać tego, co dzieje się w rodzinie. Domowe prawa zwykle zakazują dziecku wyrażania złości, a ponieważ nie umie ono też zmienić sytuacji, tworzy ból uszu.

Głuchota oznacza długoletnią odmowę słuchania kogoś. Zwróćcie uwagę, że gdy jeden z partnerów nie dosłyszy, drugi zazwyczaj mówi, mówi i mówi.

OCZY reprezentują zdolność widzenia. Jeśli występują kłopoty z oczami, zazwyczaj oznacza to, że nie chcemy widzieć czegoś w sobie lub w życiu, w przeszłości, teraźniejszości lub w przyszłości.

Ilekroć widzę małe dzieci noszące okulary, wiem że coś dzieje się w ich domach – coś, na co one nie chcą patrzeć. Jeśli nie mogą zmienić przeżywanego doświadczenia, wolą „rozproszyć" wzrok, by nie widzieć tego dokładnie.

Wielu ludzi miało dramatyczne doświadczenia uzdrawiające, gdy zdecydowali się wrócić do przeszłości i oczyścić z problemów, na które nie chcieli patrzeć kilka lat przed założeniem okularów.

Czy odnosisz się negatywnie do tego, co dzieje się teraz? Jakiemu problemowi nie chcesz stawić czoła? Obawiasz się widzieć teraźniejszość czy też przyszłość? Gdybyś widział wyraźnie – cóż takiego mógłbyś zobaczyć, czemu nie chcesz się przyjrzeć teraz? Czy zdajesz sobie sprawę, jaką krzywdę sobie wyrządzasz?

Warto skupić się nad tymi pytaniami.

BÓLE GŁOWY mają za przyczynę umniejszanie własnej wartości. Przy następnym bólu głowy zastanów się i zadaj sobie pytanie – za co siebie obwiniasz. Wybacz sobie, pozwól temu odejść, a ból głowy rozpłynie się w nicości, z której przybył.

Migrenowe bóle głowy tworzą ludzie, którzy chcą być doskonali; ludzie, którzy wywierają na siebie dużą presję. Wiąże się z tym tłumienie silnej złości.

BÓLE ZATOK odczuwane w okolicach czoła i nosa świadczą o tym, że irytuje was ktoś w waszym otoczeniu, ktoś bliski. Możecie nawet odczuwać, że was przytłacza.

Zapominamy, że to my tworzymy sytuacje, i negujemy swoją moc sprawczą, oskarżając inne osoby o nasze frustracje. Nie ma takiej osoby, miejsca ani rzeczy, która miałaby władzę nad nami, bo tylko my jesteśmy twórcami naszych myśli. Tworzymy nasze doświadczenia, rzeczywistość i wszystko, co się z tym wiąże. Jeśli stworzymy pokój, harmonię i równowagę w umyśle – znajdziemy je również w życiu.

SZYJA I GARDŁO są niezwykle fascynujące, ponieważ tak wiele tam się dzieje. Szyja odzwierciedla zdolność elastycznego myślenia, dostrzeganie drugiej strony medalu i umiejętności spojrzenia z punktu widzenia drugiej osoby. Jeśli występują kłopoty z szyją, zazwyczaj oznacza to, że jesteśmy uparci w naszym pojmowaniu sytuacji.

Ilekroć widzę kogoś noszącego kołnierz ortopedyczny, wiem, że jest to osoba wyjątkowo uparta, która dostrzega tylko swój punkt widzenia.

Virginia Satir, znakomita terapeutka w dziedzinie problemów rodzinnych, twierdzi, że wykonała „głupie badania" dotyczące zmywania naczyń. Stwierdziła, że istnieje ponad dwieście pięćdziesiąt sposobów zmywania naczyń, w zależności od tego, kto je zmywa i jakich środków używa. Jeśli trzymamy się przekonania, że jest tylko „jeden sposób" lub „jeden punkt widzenia", to zamykamy się na prawie cały świat.

GARDŁO przedstawia naszą zdolność wypowiadania się, proszenia o to, czego pragniemy, powiedzenia: swojego „Jestem" itd. Jeśli mamy kłopoty z gardłem, oznacza to zazwyczaj, że nie czujemy się uprawnieni do zrobienia czegoś. Nie czujemy się na siłach, by bronić własnego zdania.

Ból gardła to zawsze złość. Jeśli jest połączony z przeziębieniem, to zazwyczaj oznacza zagubienie psychiczne. ZAPALENIE KRTANI najczęściej oznacza, że jesteśmy tak źli, że nie możemy mówić.

Gardło świadczy o twórczym przepływie energii. To przez nie wyrażamy naszą twórczość, a gdy jest udaremniona, niepełna, często mamy kłopoty z gardłem. Wszyscy znamy osoby, które przeżywają całe swoje życie dla innych. Ani razu nie zrobili tego, co sami chcieliby robić. Zawsze zadowalają matki, ojców, współmałżonków, partnerów, szefów. ZAPALENIE MIGDAŁKÓW i kłopoty z TARCZYCĄ to nic innego, jak przejaw frustracji wynikającej z niemożności zrobienia tego, co chce się robić.

Ośrodek energii w gardle, piąta czakra – jest miejscem, w którym odbywają się zmiany. Kiedy opieramy się zmianie, jesteśmy w trakcie zmiany lub usiłujemy jej dokonać, wtedy zawsze dużo dzieje się w naszych gardłach. Zwróćcie uwagę na kaszel swój lub kogoś innego. Co zostało powiedziane przed chwilą? Na co reagujemy? Czy to opór lub zawziętość, czy jest to może rozpoczynający się proces zmian? Podczas warsztatów wykorzystuję często kaszel jako narzędzie odnalezienia siebie. Ilekroć słyszę, jak ktoś kaszle, polecam mu dotknięcie gardła i wypowiedzenie na głos: „Pragnę się zmienić" lub „Zmieniam się".

RAMIONA symbolizują naszą zdolność i możliwość przyjmowania doświadczeń życia. Przedramiona związane są z możliwościami, ramiona ze zdolnościami. Stare emocje osadzają się w stawach; łokcie wyobrażają naszą elastyczność. Czy łatwo przystosowujemy się do zmian kierunków w życiu, czy też stare emocje przytrzymują nas w jednym miejscu?

DŁONIE sięgają, trzymają, zaciskają. Pozwalamy rzeczom prześlizgiwać się między palcami. Czasami zatrzymujemy coś zbyt długo. Mamy złote ręce, zaciśnięte pięści, otwarte dłonie. Jesteśmy zręczni, mamy dwie lewe ręce. Rozdajemy garściami. Możemy coś robić własnoręcznie lub sprawiamy wrażenie, że nie potrafimy nic utrzymać w rękach.

Kładziemy na czymś rękę. Ręce nam opadają. Wznosimy dłonie. Podajemy komuś rękę, idziemy ręka w rękę, coś jest nam na rękę, poza zasięgiem ręki lub pod ręką – wystarczy więc sięgnąć ręką. Wyciągamy pomocną dłoń.

Dłonie mogą być delikatne lub ciężkie, z widocznymi węzłami stawów od martwienia się na zapas lub zniekształcone krytycznym artretyzmem. Zachłanne ręce powstają ze strachu, z lęku przed utratą, z niepokoju, że nigdy dla nas nie wystarczy, ze strachu, że coś zniknie, jeśli nie będziemy tego dość mocno trzymać.

Duża zachłanność w związku uczuciowym powoduje jedynie rozpaczliwą ucieczkę partnera. Mocno zaciśnięte dłonie nie przyjmują niczego nowego. Swobodne potrząsanie dłońmi w przegubach daje uczucie wolności i otwartości.

To, co należy do ciebie, nie może być ci odebrane, więc rozluźnij się.

PALCE – każdy ma swoje znaczenie. Kłopoty z palcami wskazują, gdzie musicie się rozluźnić i co „odpuścić sobie". Jeśli zatniecie się w palec wskazujący, oznacza to, że w aktualnej sytuacji złość i lęk związane są prawdopodobnie z waszym „ego". Kciuk wskazuje na sferę mentalną i symbolizuje zmartwienie. Palec wskazujący to „ego" i lęk. Środkowy palec związany jest z seksem i złością. Gdy jesteście źli, potrzymajcie środkowy palec i obserwujcie znikanie złości. Przytrzymajcie palec prawej ręki, jeśli jesteście źli na mężczyznę, lub lewej, jeśli jesteście źli na kobietę. Palec serdeczny symbolizuje jednocześnie jedność oraz smutek. Mały palec to rodzina i udawanie.

PLECY symbolizują system oparcia. Kłopoty z plecami zazwyczaj sygnalizują poczucie braku bezpieczeństwa. Zbyt często sądzimy, że jedynym naszym oparciem jest praca, rodzina lub współmałżonek. W rzeczywistości we wszystkim wspiera nas Wszechświat, życie samo w sobie.

Górna część pleców związana jest z poczuciem braku oparcia emocjonalnego. Mój mąż / żona / partner / przyjaciel / szef nie rozumie mnie albo nie jest dla mnie oparciem.

Środkowa część pleców związana jest z poczuciem winy, całym tym bagażem, który wiąże się z naszą przeszłością. Czy obawiasz się spojrzeć na to, co jest za tobą, czy może usiłujesz ukryć coś, co masz za sobą? Czy czujesz się tak, jakby ktoś wbił ci nóż w plecy?

Czy czujesz się rzeczywiście „wypalony"? Czy twoje sprawy finansowe są nie uporządkowane lub zamartwiasz się o nie nadmiernie? W takim przypadku dolna część pleców może ci sprawiać kłopoty. Przyczyną tego jest brak pieniędzy lub obawa o nie. Kwota, którą dysponujesz, nie ma z tym nic wspólnego.

Tak wielu z nas ma poczucie, iż pieniądze są najważniejszą rzeczą w życiu, że bez nich nie możemy się obejść. To nieprawda. Jest coś znacznie bardziej ważnego i cennego, coś, bez czego nie moglibyśmy żyć. Cóż to takiego? To nasz oddech.

Nasz oddech jest najcenniejszą własnością życia, a jednak po każdym wydechu jesteśmy całkowicie pewni następnego oddechu. Gdybyśmy nie zaczerpnęli kolejnego oddechu, nie przeżylibyśmy nawet trzech minut. Jeżeli więc Potęga, która nas stworzyła, dała nam zdolność oddychania na cały długi czas życia, czemu nie możemy uwierzyć, że wszystko inne potrzebne do życia również będzie nam dane?

PŁUCA symbolizują zdolność przyjęcia i dawania życia. Problemy z płucami zazwyczaj oznaczają, iż obawiamy się przyjąć życie, lub być może poczucie, że nie mamy prawa żyć pełnią życia.

Kobiety z reguły płytko oddychają i często uważają siebie za obywateli drugiej kategorii, za osoby, które nie mają prawa do własnej przestrzeni życiowej, a czasami nawet nie mają prawa żyć. Dzisiaj to wszystko zmienia się. Kobiety zajmują należne im miejsce jako pełnowartościowi członkowie społeczeństwa i oddychają głęboko, pełną piersią.

Cieszy mnie widok kobiet uprawiających sport. Kobiety zawsze pracowały na roli. Teraz, po raz pierwszy w historii, o ile dobrze wiem, kobiety zajmują się sportem. Przyjemnie jest patrzeć na ich wspaniałe ciała.

Rozedma i intensywne palenie to wyraz negowania życia. Maskują one głębokie przekonanie, że jesteśmy niegodni istnienia. Czynienie sobie wyrzutów nie zmieni nawyku palenia. Najpierw musi być zmienione to podstawowe przekonanie.

PIERSI symbolizują zasadę macierzyństwa. Jeśli mamy kłopoty z piersiami zazwyczaj oznacza to, że jesteśmy nadopiekuńczy w stosunku do kogoś lub zanadto oddani jakiemuś miejscu, rzeczy lub doświadczeniu.

Właściwie pojęta opieka macierzyńska powinna uwzględniać to, że dziecko musi dorosnąć. Musimy wiedzieć, kiedy przestać kierować dziećmi, oddać im wodze i pozwolić na samodzielność. Nadopiekuńczość czasami dosłownie odcina możliwość korzystania z własnych doświadczeń.

Jeśli chodzi o raka, to jest on skutkiem głębokiej urazy. Oddalcie strach i wiedzcie, że mądrość Wszechświata zawarta jest w każdym z nas.

SERCE oczywiście symbolizuje miłość, podczas gdy krew symbolizuje radość. Nasze serca z miłością pompują radość do naszych ciał. Jeśli odmawiamy sobie radości i miłości, serca się kurczą i stają zimne. W wyniku tego zwalnia się obieg krwi, a my zmierzamy prosto do ANEMII, DUSZNICY i ATAKU SERCA.

Serce nie „atakuje" nas. To my tak dalece dajemy się porwać akcji tworzonych przez siebie mydlanych oper i dramatów, że często zapominamy o dostrzeganiu drobnych radości wokół nas. Całe lata spędzamy na wyciskaniu z serca wszelkiej radości, aż dosłownie skręca się w bólu. Ludzie dotknięci zawałami serca nigdy nie są pogodni. Jeśli nie znajdą czasu na doświadczenie radości życia, to w krótkim czasie doprowadzą się do kolejnego zawału.

Złote serce, zimne serce, otwarte serce, twarde serce, kochające, gorące – a jakie jest twoje serce?

ŻOŁĄDEK przetrawia wszystkie nasze nowe idee i doświadczenia. Co lub kto leży wam na żołądku? Co gromadzi się w twoich wnętrznościach?

Jeśli występują kłopoty z żołądkiem, znaczy to zazwyczaj, że nie wiemy, jak przyswoić sobie nowe doświadczenie. Obawiamy się czegoś.

Wiele osób pamięta zapewne czasy, w których stawały się coraz bardziej popularne loty samolotem. To, że możemy wejść do środka dużej metalowej rury, która przeniesie nas bezpiecznie po niebie, było pomysłem trudnym do zaakceptowania.

Przy każdym fotelu znajdowały się torebki jednorazowego użytku i większość z nas korzystała z nich. Wymiotowaliśmy do tych torebek tak dyskretnie, jak było to tylko możliwe, zawijaliśmy je i oddawaliśmy stewardesie, która dużo czasu traciła na bieganie tam i z powrotem, odbierając je od pasażerów.

Obecnie, wiele lat później, aczkolwiek w dalszym ciągu torebki te znajdują się przy każdym siedzeniu, używamy ich rzadko. Oswoiliśmy się z myślą o lataniu samolotem.

OWRZODZENIA to nic innego jak straszliwy lęk, że „jest się nie dość dobrym". Obawiamy się, że jesteśmy nie dość dobrzy w oczach rodziców, obawiamy się, że jesteśmy nie dość dobrzy w oczach szefów. Nie możemy strawić tego, kim jesteśmy. Wypruwamy sobie wnętrzności, by zadowolić innych. Bez względu na to, jak ważną pracę wykonujemy, nasza wewnętrzna samoocena jest bardzo niska. Obawiamy się, że inni to odkryją.

Lekarstwem jest tutaj miłość. Ludzie kochający i akceptujący siebie nigdy nie mają wrzodów. Bądźcie dla siebie tak łagodni i kochający, jak dla dziecka, i udzielajcie sobie wszelkiego oparcia i zachęty, jakich potrzebowaliście, kiedy byliście mali.

GENITALIA reprezentują najbardziej kobiecą część kobiety – jej kobiecość, lub najbardziej męską część mężczyzny – jego męskość; naszą zasadę męskości i naszą zasadę kobiecości.

Jeśli nie czujemy się dobrze w roli mężczyzny lub kobiety, jeśli odrzucamy naszą seksualność, i nasze ciała jako brudne lub grzeszne – często mamy kłopoty z genitaliami.

Rzadko spotykamy osoby, które jako dzieci, w domu rodzinnym, słyszały właściwe określenia genitaliów i ich funkcji. Dorastamy w otoczeniu różnego rodzaju eufemizmów. Czy pamiętacie, jakich słów używało się w waszym domu? Mogły być tak łagodne jak „tam w dole" aż do wyrazów powodujących, że wasze wyobrażenia o genitaliach były brudne i obrzydliwe. Tak, wszyscy dorastamy w przekonaniu, że coś nie jest całkiem w porządku pomiędzy naszymi nogami.

Odnoszę wrażenie, że rewolucja seksualna, jaka wybuchła kilkanaście lat temu, była w pewnym sensie dobrą rzeczą. Odsunęliśmy się od wiktoriańskiej hipokryzji. Wielu z nas zaczęło cieszyć się przyjemnością i wolnością naszych ciał w nowy, otwarty sposób.

Niektórzy jednak myśleli o tych sprawach, posługując się wzorcem, jak to określa Roza Lamont, założycielka Self Communication Institute, „Boga mojej mamy". Cokolwiek twoja matka powiedziała o Bogu, kiedy miałeś trzy lata, tkwi w dalszym ciągu w twojej podświadomości, O ILE nie wykonałeś świadomej pracy zweryfikowania tego. Czy był to Bóg zły i mściwy? Jakie było Jego odniesienie do spraw seksu? Jeśli do tej pory nosimy w sobie wczesne poczucie winy odnośnie naszej seksualności i ciała, to z pewnością będziemy karać samych siebie.

Kłopoty z PĘCHERZEM, ODBYTNICĄ, POCHWĄ, PROSTATĄ lub CZŁONKIEM – dotyczą tej samej sfery. Wywodzą się z niewłaściwych przekonań na temat ciała i jego funkcjonowania.

Każdy organ naszego ciała, z właściwymi mu funkcjami, jest wspaniałym wyrazem życia. Nie myślimy o wątrobie czy oczach, że są brudne lub grzeszne. Dlaczego zatem sądzimy, że dotyczy to akurat naszych organów płciowych?

Odbytnica jest równie piękna jak ucho. Bez odbytnicy nie wydalilibyśmy niepotrzebnych substancji. Umarlibyśmy. Każda część naszego ciała i każda jego czynność jest doskonała i normalna, naturalna i piękna.

Proszę moich pacjentów, którzy mają problemy seksualne, by zaczęli się odnosić do swojej odbytnicy, członka czy pochwy z miłością i doceniali ich funkcję i piękno. Jeśli zaczynacie się kurczyć ze strachu lub irytować podczas czytania tych słów, zapytajcie siebie, dlaczego? Kto powiedział wam, że należy negować jakąkolwiek część waszego ciała? Z pewnością nie Bóg. Nasze organa płciowe zostały stworzone jako dające najwięcej przyjemności. Negacja tego przynosi nam ból i poczucie, że zasłużyliśmy na karę. Życie seksualne jest nie tylko w porządku, jest również święte i piękne. Jest ono dla nas czymś tak normalnym jak oddychanie lub jedzenie.

A teraz spróbujcie na chwilę wyobrazić sobie ogrom Wszechświata. To przekracza nasze możliwości. Nawet najwyższej rangi naukowcy z ich najnowszym sprzętem nie są w stanie ogarnąć jego bezmiaru. We Wszechświecie jest mnóstwo galaktyk.

W jednej z tych mniejszych galaktyk jest gdzieś w kącie małe słońce. Dokoła tego słońca krąży kilka punkcików. Jeden z nich zwany jest planetą Ziemią.

Trudno mi uwierzyć, że ta ogromna, niewiarygodna Inteligencja, która stworzyła cały Wszechświat, to tylko stary człowiek siedzący gdzieś na chmurze nad planetą Ziemią... patrzący na moje genitalia! A jednak wielu z nas wpojono w dzieciństwie takie pojęcie. Trzeba koniecznie pozbyć się takich głupich, przestarzałych idei, które wcale nie dają nam poczucia bezpieczeństwa. Jestem równie mocno przekonana, że powinniśmy widzieć Boga jako kogoś, kto jest z *nami*, a nie przeciw nam.

Nie chodzi mi o zachęcanie, by każdy przez cały czas uprawiał wolny seks. Mówię tylko, iż niektóre z naszych zasad są bez sensu, co powoduje, że wielu ludzi łamie je i staje się hipokrytami.

Jeśli odbierzemy ludziom poczucie winy seksualnej i nauczymy ich kochać i szanować się nawzajem, to automatycznie zaczną odnosić się do siebie i innych w sposób jak najlepszy, dający największą radość. Powodem, dla którego mamy teraz tak dużo problemów z naszą płciowością, jest to, że wielu z nas odczuwa wstręt i niechęć do siebie, i tak też traktuje innych.

Nie wystarczy uczyć w szkole technik seksualnych. Powinniśmy bardzo dokładnie uświadomić dzieciom, iż ich ciała, genitalia, życie seksualne to coś radosnego. Szczerze wierzę, iż ludzie kochający siebie i swoje ciała nie będą napastliwi w stosunku do siebie samych ani też wobec innych.

Wydaje mi się, że większość kłopotów z PĘCHERZEM MOCZO-WYM wynika z uczucia, że jest się „olewanym", zazwyczaj przez partnera. Złości na coś, co ma związek z naszą kobiecością lub męskością. Kobiety częściej niż mężczyźni miewają kłopoty z pęcherzem, ponieważ są bardziej skłonne do ukrywania swoich uraz. ZAPALENIE POCHWY wywołane jest zazwyczaj uczuciowym zranieniem przez partnera. PROSTATA mężczyzn związana jest z poczuciem własnej wartości i przekonaniem, iż w miarę upływu lat mężczyzna traci swą męskość. IMPOTENCJĘ powoduje lęk, który niejednokrotnie łączy się z uczuciem urazy do byłej partnerki. OZIĘBŁOŚĆ rodzi się z lęku lub przekonania, że grzechem jest cieszyć się ciałem. Ma ona źródło w niskiej samoocenie, a nieczuły partner może przyczynić się do jej zaostrzenia.

ZESPÓŁ PRZEDMIESIĄCZKOWY, który osiągnął już w USA rozmiary epidemii, rozwija się pod wpływem agresywnej reklamy w środkach masowego przekazu. Natarczywa reklama wprowadza w świadomość kobiet wyobrażenia, że ciało kobiece musi być wyjątkowo czyste – spryskane dezodorantem, popudrowane, umyte, oczyszczone na tyle różnych sposobów, że z trudem to znosimy. W tym samym czasie, gdy kobiety walczą o równouprawnienie, środki masowego przekazu sugerują im, że naturalne kobiece procesy nie są w pełni akceptowane. To właśnie, a także ogromne ilości spożywanego obecnie cukru, stwarza podatny grunt dla powstania ZESPOŁU NAPIĘCIA PRZEDMIESIĄCZKOWEGO.

Cykle kobiece, wszystkie, łącznie z menstruacją i menopauzą, są normalnymi, naturalnymi procesami. Musimy je zaakceptować jako takie. Nasze ciała są piękne, wspaniałe i cudowne.

Jestem przekonana, że CHOROBY WENERYCZNE powodowane są prawie zawsze poczuciem winy seksualnej. Pochodzi to z przekonania, często nieświadomego, że nie wypada wyrażać swojej seksualności. Nosiciel choroby wenerycznej może mieć wielu partnerów lub partnerek, lecz tylko ci ulegają zakażeniu, których psychiczne i fizyczne systemy immunologiczne są słabe. W ostatnich latach u grupy heteroseksualnej zaczęły rozwijać się różnego rodzaju opryszczki. Schorzenie to ma swoje źródło w karaniu siebie za przekonanie, że „jesteśmy źli". Opryszczki mają to do siebie, że pojawiają się, gdy jesteśmy w złym nastroju, psychicznie podłamani. To mówi samo za siebie.

A teraz przenieśmy tę samą teorię do środowiska homoseksualistów, w którym ludzie mają takie same problemy jak wszyscy inni oraz dodatkowy: duża część społeczeństwa wskazuje na nich palcem, mówiąc: „Źli". Zazwyczaj ich matki i ojcowie mówią również: „Jesteś zły". To duże obciążenie psychiczne.

W społeczeństwie heteroseksualnym kobiety czują lęk przed starzeniem się z powodu całego systemu przekonań, jakie stworzyliśmy, gloryfikując młodość. Nie jest to tak trudne dla mężczyzn, którzy stają się bardziej dystyngowani z odrobiną siwizny. Starszy pan wzbudza respekt, a wiele osób nawet się nim zachwyca.

Nie dotyczy to większości homoseksualistów. Stworzyli kulturę, w której kładzie się ogromny nacisk na młodość i piękno. Z początku każdy jest młody, kiedy zaczyna, ale później tylko niewielu odpowiada standardom piękna. Tak duży nacisk kładzie się na wygląd zewnętrzny dlatego, że uczucia wewnętrzne są całkowicie lekceważone. Jeśli nie jesteś młody i piękny, to tak jakbyś się w ogóle nie liczył. Osoba się nie liczy, ważne jest tylko ciało.

Ten sposób myślenia to hańba dla całej kultury. To inny sposób mówienia: „Homoseksualista nie jest dość dobry".

Z powodu takiego wzajemnego traktowania się homoseksualistów dla wielu z nich proces starzenia jest przerażający. Niemalże lepiej jest umrzeć niż zestarzeć się. A AIDS jest chorobą, która często zabija.

Zbyt często homoseksualiści czują, że na starość będą niepotrzebni i nie chciani. Lepiej jest najpierw zniszczyć siebie; i wielu wiedzie destrukcyjny tryb życia. Niektóre poglądy i postawy będące częścią stylu życia homoseksualistów – miejsca spotkań, stałe osądzanie, odmowa zbliżenia się do innych itd. – to coś potwornego. I AIDS jest potworną chorobą.

Ten rodzaj postaw i wzorców zachowań tworzy jedynie poczucie winy na bardzo głębokim poziomie. Udawanie, odgrywanie jakiejś roli może przynosić wiele radości, może również być wyjątkowo destrukcyjne, tak dla dających, jak i otrzymujących. To inny rodzaj unikania bliskości i intymności.

W żadnym wypadku nie chciałabym przyczynić się do stworzenia w kimkolwiek poczucia winy. Jakkolwiek patrzylibyśmy na te sprawy, powinny one ulec zmianie, by nasze życie mogło upływać w miłości, radości i wzajemnym szacunku. Pięćdziesiąt lat temu większość homoseksualistów żyła w ukryciu. Teraz zdołali stworzyć sobie małe społeczności, w których mogą żyć w miarę otwarcie. Odnoszę wrażenie, że jest dużym nieszczęściem, iż wiele z tego, co sami stworzyli, staje się powodem bólu dla ich współpartnerów. I chociaż heteroseksualiści często traktują homoseksualistów w sposób godny ubolewania, to tragiczny wręcz jest wzajemny stosunek homoseksualistów do siebie.

Mężczyźni tradycyjnie mieli zawsze więcej związków seksualnych niż kobiety i kiedy mężczyźni zbierają się razem, oczywiście będzie o wiele więcej seksu. I jest to normalne i w porządku. Łaźnie wspaniale zaspokajają tę potrzebę, chyba że z naszego popędu seksualnego robimy niewłaściwy użytek. Niektórzy mężczyźni lubią mieć wielu partnerów raczej dla zaspokojenia głębokiej potrzeby potwierdzenia swojej wartości niż czerpania radości z seksu. Jednakże, jeśli jest to seks nieokiełznany oraz gdy „potrzebujemy" wielu partnerów codziennie tylko w celu udowodnienia sobie własnej wartości, to nie jest to dla nas korzystne. Musimy dokonać pewnych zmian w naszym myśleniu.

Jest to czas na uzdrowienie całościowe, a nie na potępianie. Musimy wznieść się ponad ograniczenia przeszłości. Wszyscy jesteśmy boską, świętą i wspaniałą manifestacją życia. Uznajmy to teraz!

OKRĘŻNICA symbolizuje naszą zdolność do wydalania tego, co nie jest nam już potrzebne. Ciało będące w doskonałym rytmie i przepływie życia potrzebuje równowagi między przyjmowaniem, asymilowaniem a eliminacją. Tylko nasze obawy zatrzymują oddalanie starego.

Ludzie cierpiący na zaparcia są albo skąpcami, albo nie wierzą w to, że zawsze będą mieli wystarczająco dużo. Trzymają się starych związków emocjonalnych, które są dla nich bolesne. Obawiają się wyrzucić stare ubrania zalegające szafy od lat, sądząc, że mogą się jeszcze kiedyś przydać. Pozostają w nieinteresującej pracy lub nigdy nie sprawiają sobie przyjemności, ponieważ muszą oszczędzać na czarną godzinę. A przecież nie grzebiemy w odpadkach z dnia ubiegłego, by sporządzić dzisiejszy posiłek. Nauczcie się ufać procesowi życia, który zawsze da wam to, czego potrzebujecie.

Nasze NOGI prowadzą nas przez życie. Kłopoty z nogami zawsze wskazują na obawę przed pójściem do przodu lub niechęć przed dokonaniem kroku w konkretnym kierunku. Biegniemy lekko, wleczemy nogi za sobą, skradamy się, mamy nogi iksowate, stawiamy je koślawo do środka. Mamy duże, tłuste, „pełne złości" uda, wypełnione urazami z czasów dzieciństwa. Niechęć do działania często powoduje drobne kłopoty z nogami. ŻYLAKI mówią o tym, że trwamy w pracy lub sytuacji, której nienawidzimy. Żyły tracą swoją zdolność do przenoszenia radości.

A czy *ty* podążasz w upragnionym przez siebie kierunku?

KOLANA, podobnie jak szyja, mają związek z łatwością przystosowania się, tylko że one wyrażają ugięcie się i dumę, „ego" i upór. Krocząc do przodu, często obawiamy się zbytniego zginania i stajemy się mało zwrotni. To usztywnia stawy. Chcemy iść do przodu, lecz nie chcemy zmienić naszych zwyczajów. To dlatego uzdrowienie kolan jest takie czasochłonne; w tym momencie mamy do czynienia z naszym „ego". Kostka jest także stawem, a jednak uszkodzona daje się leczyć szybko. Kolana wymagają poświęcenia im więcej czasu, ponieważ wchodzą tu w grę nasza pycha i przekonanie, że jesteśmy cnotliwsi od innych.

Następnym razem, gdy będziesz miał kłopoty z kolanami, spytaj siebie, w jakiej sytuacji kierujesz się pychą, w jakiej sytuacji nie chcesz się ugiąć. Porzuć upór i idź dalej. Życie to przepływ, życie to ruch. By czuć się w nim wygodnie, musimy być elastyczni i podążać z jego biegiem. Wierzba gnie się, kołysze, porusza na wietrze i jest zawsze pełna wdzięku oraz w zgodzie z biegiem życia.

Nasze STOPY związane są ze zrozumieniem siebie samych i życia – przeszłości, teraźniejszości i przyszłości.
Wiele starszych osób uskarża się na kłopoty z chodzeniem. Ich możność rozumienia ulega wypaczeniu. Czują często, że nie mają dokąd pójść. Małe dzieci poruszają się na szczęśliwych, roztańczonych stopach. Starsi ludzie często powłóczą nogami, jakby poruszali się z niechęcią.
SKÓRA symbolizuje naszą indywidualność. Kłopoty ze skórą oznaczają, że odczuwamy w jakiś sposób zagrożenie naszej indywidualności. Czujemy, że inni mają władzę nad nami. Mamy cienką skórę, coś zachodzi nam za skórę, czujemy się żywcem z niej obdzierani, nasze nerwy są już pod skórą.
Jednym z najszybszych sposobów uzdrowienia skóry jest wprowadzenie do świadomości twierdzenia: „Ja akceptuję siebie", wypowiadanego kilkaset razy dziennie. Odzyskaj swoją moc.
WYPADKI nie są żadnymi wypadkami. Jak wszystko inne w życiu, tworzymy je sami. Niekoniecznie musimy mówić sobie: „Ja chcę mieć wypadek", ale wytwarzamy w naszym umyśle psychiczne wzorce, które te zdarzenia wywołują. Są ludzie jakby naznaczeni skłonnością do wypadków. Są też tacy, którzy idą przez życie nie zadrapawszy się ani razu.
Wypadki są wyrazem złości. Wskazują na istnienie frustracji z powodu niemożności wypowiedzenia swojego zdania, a także na przejaw buntu w stosunku do autorytetu. Jesteśmy tak wściekli, że chcemy bić ludzi. Zamiast tego uderzamy w siebie.
Kiedy jesteśmy źli na siebie, kiedy odczuwamy winę i potrzebę kary, wypadek świetnie nam tu posłuży.
Mogłoby się wydawać, że wypadek nie jest naszą winą. Padliśmy ofiarą zbiegu okoliczności. Wypadek powoduje, że możemy ściągnąć na siebie czyjeś współczucie i uwagę. Ktoś zajmuje się naszymi obrażeniami. Często pozostajemy w łóżku, czasem nawet przez dłuższy czas. I doświadczamy bólu.
Kiedy pojawia się ból fizyczny, mamy już wskazówkę, jakiej dziedziny życia dotyczy nasze poczucie winy. Stopień uszczerbku fizycznego pozwala nam poznać, jak poważnie traktujemy naszą potrzebę bycia ukaranym i jak długo ten wyrok będzie ważny.

ANOREKSJA to negowanie życia, skrajny przypadek głębokiej nienawiści do siebie.

Żywność to najbardziej podstawowa sprawa dla podtrzymania życia. Dlaczego mielibyście odmawiać sobie pożywienia? Dlaczego chcecie umrzeć? Cóż takiego dzieje się w waszym życiu, że jest takie okropne i chcecie odejść z niego zupełnie? Nienawiść do siebie to tylko nienawistny sposób myślenia o samym sobie. Myśli można zmienić.

Cóż jest w was takiego okropnego? Byliście wychowywani w krytycznie nastawionej rodzinie? Mieliście krytycznych nauczycieli? Czy wasze wczesne doświadczenia religijne mówiły wam, że nie jesteście „dość dobrzy"? Tak często staramy się znaleźć jakieś sensowne wytłumaczenie faktu, że nie jesteśmy kochani i akceptowani takimi, jakimi jesteśmy.

Obsesja na punkcie szczupłej sylwetki wykreowanej przez przemysł odzieżowy powoduje u wielu kobiet postawę: „Nie jestem dość dobra", „To nie dla mnie", więc koncentrują się na nienawiści do własnego ciała. Z drugiej strony twierdzą: „Gdybym tylko była szczupła, kochano by mnie". Ale przecież tak nie jest.

Nic nie przychodzi z zewnątrz. Samoaprobata i samoakceptacja są kluczem do problemu.

ARTRETYZM to choroba wywodząca się ze stałego krytycyzmu. Przede wszystkim w stosunku do siebie, a także wobec innych. Ludzie uskarżający się na artretyzm często są bardzo krytykowani, jako że krytykowanie jest ich wzorcem. Ich przekleństwem jest perfekcjonizm; muszą być doskonali zawsze i wszędzie.

Czy znacie kogokolwiek na tym świecie, kto byłby doskonały? Ja nie. Po co zatem stwarzamy pewne wzorce, które nam mówią, że musimy być zawsze „super"; czy tylko po to, by trudno nam było siebie zaakceptować? Jest to takie mocne wyrażenie postawy „nie jestem dość dobry" i bardzo ciężko jest z tym żyć.

Przyczyną ASTMY jest nadmierna i przytłaczająca miłość. Jest to uczucie, że nie ma się prawa nawet odetchnąć samodzielnie. Astmatyczne dzieci często mają nadwrażliwe sumienie. Przyjmują na siebie winę za wszystko, cokolwiek dzieje się w otoczeniu. Czują się „bezwartościowe", a zatem winne, i mają potrzebę karania siebie.

Leczenie klimatyczne często daje dobre rezultaty, zwłaszcza gdy choremu nie towarzyszy najbliższa rodzina.

Zazwyczaj dzieci astmatyczne wyrastają z tej choroby. Tak naprawdę oznacza to, że wyjeżdżają do szkoły, żenią się lub w inny sposób organizują dom rodzinny, i choroba znika. Często w późniejszych okresach życia pojawia się jakieś wydarzenie, które jakby przez naciśnięcie guzika przypomina przeszłość, i choroba wraca. Reakcja ta nie jest jednak wywołana tym, co aktualnie się wydarza, lecz raczej przypomnieniem tego, co miało miejsce w dzieciństwie.

OPARZENIA, SKALECZENIA, GORĄCZKI, OTARCIA, RÓŻNEGO RODZAJU ZAPALENIA są oznaką złości wyrażającej się przez ciało. Złość znajdzie jakiś sposób wyrazu bez względu na to, jak będziemy starali się ją stłumić. Zbierająca się para musi znaleźć ujście. Obawiamy się, że złość może zniszczyć nasz świat, a przecież wściekłość może być po prostu oddalona przez powiedzenie: „Jestem zły z tego lub tamtego powodu". To prawda, że nie zawsze możemy powiedzieć to naszym szefom, ale za to możemy wytrzepać tapczan lub wykrzyczeć się w samochodzie bądź pograć w tenisa. Istnieją bezbolesne sposoby fizycznego pozbycia się złości.

Ludzie nastawieni duchowo często są przekonani, że nie powinni odczuwać złości. To prawda. Wszyscy dążymy do osiągnięcia takiego stanu, by nie być zmuszonym do oskarżania innych za nasze uczucia, lecz zanim to osiągniemy, zdrowiej jest uzmysłowić sobie, co czujemy w danym momencie.

RAK jest chorobą spowodowaną głębokim urazem utrzymującym się tak długo, dopóki dosłownie nie zacznie zżerać ciała. W dzieciństwie wydarza się coś, co niszczy poczucie zaufania. To doświadczenie pozostaje wciąż żywe w pamięci. Człowiek żyje w poczuciu krzywdy i ma trudności w rozwijaniu i utrzymaniu ważnych dla niego związków emocjonalnych. Z powodu takiego systemu przekonań życie wydaje się być ciągiem rozczarowań. Uczucie beznadziejności, bezradności oraz straty przenika myślenie i w ten sposób łatwe staje się oskarżenie innych za wszystkie nasze kłopoty. Ludzie cierpiący na raka są także bardzo krytyczni w stosunku do samych siebie. Nauczenie się kochania i akceptowania własnej osoby jest dla mnie kluczem do uzdrowienia.

NADWAGA wyraża potrzebę ochrony. Szukamy ochrony przed urazą, zlekceważeniem, krytyką, wykorzystaniem, seksem i zalotami o seksualnym charakterze, lękiem przed życiem jako takim, a także jakimś konkretnym lękiem. Wybierz sobie to, co pasuje do twojej sytuacji.

Nie należę do osób tęgich, ale nauczyłam się w ciągu minionych lat, że kiedy czuję brak bezpieczeństwa i niepewność, przybywa mi trochę na wadze. Kiedy mija zagrożenie, nadwaga likwiduje się sama. Walka z nadwagą to strata czasu i energii. Diety nie odnoszą skutku. Z chwilą kiedy kończymy odchudzanie, wracają kilogramy. Kochanie i akceptowanie siebie, zawierzanie procesowi życia i poczucie bezpieczeństwa opierające się na zaufaniu do mocy swojego umysłu – to najlepsza dieta, jaką znam.

Zbyt wielu rodziców wpycha dzieciom jedzenie bez względu na to, jakie są ich problemy. Dzieci te wyrastają na osoby, które w sytuacji, gdy pojawia się jakiś problem do rozwiązania, zachowują się tak, jakby stały przed otwartą lodówką mówiąc: „Ja nie wiem, czego chcę".

Każdy BÓL jest oznaką winy. Wina zawsze szuka ukarania, a kara powoduje ból. Chroniczny ból wywodzi się z chronicznego poczucia winy, często zalegającego tak głęboko, że nawet nie jesteśmy tego świadomi.

Wina to całkowicie niepotrzebne uczucie. Nie czyni nikogo lepszym ani też nie zmienia sytuacji. Wasz „wyrok" już minął, więc wyjdźcie ze swojego więzienia. Wybaczenie to tylko odpuszczenie, zezwolenie na odejście.

WYLEWY to skrzepy krwi, powodujące przerwanie dopływu krwi do pewnego obszaru mózgu.

Mózg to komputer ciała. Krew to radość. Żyły i arterie – to kanały tej radości. Wszystko dzieje się zgodnie z prawem i zasadami miłości. Miłość jest w każdej drobinie inteligencji we Wszechświecie. Nie można dobrze działać i żyć bez doświadczania miłości i radości.

Negatywne myślenie zatyka mózg i nie pozwala na przepływ miłości i radości w wolny i otwarty sposób.

Śmiech nie przepłynie, jeśli nie może być swobodny i beztroski. To samo dotyczy miłości i radości. Życie nie jest goryczą, chyba że sami je nią uczynimy lub zdecydujemy się patrzeć na nie w ten sposób. Możemy dojrzeć całkowitą ruinę w drobnym niepowodzeniu, możemy także znaleźć trochę radości w największej tragedii. To zależy od nas samych.

Czasami staramy się zmusić nasze życie, by układało się w pewien sposób, mimo że nie jest to dla nas najlepsze. Niekiedy sami wywołujemy WYLEWY, aby zmusić się do pójścia w zupełnie przeciwnym kierunku, całkowicie przewartościować swój styl życia.

SZTYWNOŚĆ w ciele odzwierciedla sztywność umysłu. Lęk powoduje kurczowe trzymanie się utartych schematów i uniemożliwia bardziej elastyczne zachowanie. Jeśli sądzimy, że jest tylko „jeden sposób" zrobienia czegoś, to często uświadamiamy sobie naszą sztywność. Zawsze możemy zrobić coś inaczej. Przypomnijcie sobie Wirginię Satir i jej dwieście pięćdziesiąt sposobów mycia naczyń.

Zwróćcie uwagę, w jakiej części ciała występują usztywnienia, i sprawdźcie je w moim spisie wzorców psychicznych. Dowiecie się, co psychicznie was usztywnia.

CHIRURGIA jest też potrzebna. Jest konieczna przy złamaniach kości i w stanach powypadkowych oraz w przypadkach przekraczających możliwości kogoś, kto zapoczątkował proces uzdrawiania. W takich sytuacjach łatwiej jest poddać się operacji i skoncentrować uzdrowieniową pracę umysłu na myśli, by stan ten się nie powtórzył.

Coraz częściej spotyka się wspaniałych lekarzy, którzy są szczerze oddani swojej pracy. Coraz więcej lekarzy skłania się ku holistycznej metodzie leczenia, zajmując się całościowo osobą pacjenta. Jednakże większość lekarzy nie stara się dotrzeć do przyczyny choroby, lecząc zaledwie objawy, skutki.

Czynią to na dwa sposoby: trują lub okaleczają. Specjalnością chirurga jest operowanie i jeśli zwrócicie się do niego, to zazwyczaj zaleci cięcie. Jeśli jednak zapadnie już decyzja o operacji, przygotujcie się do niej, by przebiegła tak głęboko, jak to jest możliwe. Wy też będziecie zdrowieć tak szybko, jak to jest możliwe.

Poproście chirurga i personel o współpracę z wami. Chirurdzy i personel pomocniczy w sali operacyjnej często nie są świadomi, że chociaż pacjent jest nieprzytomny, to jednak słyszy wszystko, co się mówi, i absorbuje to w swojej podświadomości.

Słyszałam wypowiedź jednej z czołowych postaci New Age o jej przypadku, kiedy to zaistniała konieczność dokonania szybkiej operacji. Przed jej rozpoczęciem rozmawiała z chirurgiem i anestezjologiem. Prosiła ich o nadawanie podczas operacji łagodnej muzyki i wypowiadanie pozytywnych afirmacji. Uzgodniła z pielęgniarką z sali pooperacyjnej, by postępowała tak samo. Operacja przebiegła bez komplikacji, ona zaś wracała do zdrowia bardzo szybko.

Moim pacjentom zalecam, by stosowali afirmacje: „Każda ręka dotykająca mnie w szpitalu jest ręką uzdrawiającą i wyraża tylko miłość" oraz: „Operacja przebiega szybko, łatwo i świetnie". Oto inna afirmacja: „Czuję się doskonale w każdej chwili".

Po operacji postarajcie się o łagodną i przyjemną muzykę, która nadawana byłaby możliwie najdłużej, i wypowiadajcie swoje afirmacje, na przykład: „Zdrowieję szybko, spokojnie i doskonale". Mówcie sobie: „Każdego dnia czuję się coraz lepiej".

Jeśli możecie, przygotujcie sobie nagranie serii pozytywnych afirmacji na taśmie magnetofonowej. Weźcie ze sobą magnetofon do szpitala i słuchajcie często tych taśm podczas rekonwalescencji. Zwróćcie uwagę na odczucia, nie na ból. Wyobraźcie sobie miłość płynącą z waszego serca, przez ramiona, do dłoni. Umieśćcie dłonie na tej części ciała, która ma wyzdrowieć, i powiedzcie jej: „Kocham cię i pomagam ci w powrocie do zdrowia".

OPUCHLIZNA CIAŁA symbolizuje zastój i stagnację w przeżywaniu emocji. Tworzymy sytuacje, w których otrzymujemy „rany", i trzymamy się kurczowo tych emocji. Puchnięcie często jest wyrazem powstrzymywanych łez, uczucia przygwożdżenia i usidlenia lub oskarżenia innych za własne ograniczenia.

Odrzućcie przeszłość. Pozwólcie jej odpłynąć. Odzyskajcie swoją moc. Przestańcie rozmyślać nad tym, czego nie chcecie. Użyjcie swojego umysłu do tworzenia tego, czego naprawdę chcecie. Dajcie się ponieść nurtowi życia.

GUZY to fałszywe narośla. Ostryga, gdy dostanie się do jej muszli małe ziarenko piasku, chroniąc siebie, wytwarza wokół niego twardą i błyszczącą skorupkę. Nazywamy to perłą i uważamy ją za piękną.

My natomiast, mając starą urazę, nie pozwalamy jej zabliźnić się, wciąż ją rozdrapujemy, a w jakiś czas potem pojawia się guz. Nazywam to oglądaniem starego filmu. Jestem przekonana, iż przyczyna, dla której kobiety mają tak dużo guzów na macicy, to nic innego jak przyjmowanie urazów emocjonalnych, uderzeń w ich kobiecość i pielęgnowanie tego. Ja nazywam to syndromem: „On wyrządził mi wiele złego".

Jeśli jakiś nasz związek się rozpadł, nie oznacza to jeszcze, że coś jest z nami nie w porządku, ani nie ma wpływu na naszą samoocenę.

Nie o to chodzi, *co się dzieje*, lecz o to, jak my *reagujemy* na te wydarzenia. Jesteśmy w stu procentach odpowiedzialni za wszystko, co nas w życiu spotyka. Jakie przekonania o sobie musicie zmienić, by móc przyciągnąć więcej ludzkiej życzliwości?

W bezkresie życia, w którym jestem,
wszystko jest doskonałe, całkowite i pełne.
Uznaję swoje ciało za dobrego przyjaciela.
Każda komórka mojego ciała
wyposażona jest w Boską inteligencję.
Słucham tego, co mi ona mówi,
i wiem, że jej rada jest dla mnie ważna.
Jestem zawsze bezpieczny,
chroniony i prowadzony przez Boską Opatrzność.
Wybieram zdrowie i wolność.
Wszystko jest dobre w moim świecie.

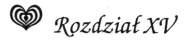 *Rozdział XV*

Lista

„Jestem zdrowa, zupełnie zdrowa".

Przeglądając poniższą listę, która została przytoczona tu z mojej książki ULECZ SWOJE CIAŁO, zastanówcie się, czy znajdujecie jakiś związek pomiędzy chorobami, które mieliście lub na które cierpicie obecnie, a ich prawdopodobnymi przyczynami, jakie w tej liście wymieniam.

Oto sposób korzystania z tej listy, w wypadku gdy cierpicie na jakieś dolegliwości fizyczne:

1. Sprawdzenie przyczyny psychicznej. Przemyślcie, czy to was dotyczy. Jeśli nie, siądźcie spokojnie i spytajcie siebie: „Jakie moje myśli mogły to spowodować?"

2. Powtórzcie sobie: „Chcę wyrzucić z mojej świadomości wzorzec, który spowodował ten stan".

3. Powtarzajcie sobie wielokrotnie nowy wzorzec myślowy.

4. Nastawcie się myślowo, że rozpoczęliście już proces uzdrawiania.

Ilekroć pomyślicie o danej dolegliwości, powtórzcie te kroki.

Problem	Prawdopodobna przyczyna	Nowy wzorzec myślowy
Addisona choroba	Silne „niedożywienie" emocjonalne. Złość na siebie.	Z miłością troszczę się o swoje ciało, umysł i uczucia.
AIDS	Wyparcie się siebie. Poczucie winy na tle seksualnym. Silne przeświadczenie o byciu nie dość dobrym.	Jestem boskim, wspaniałym przejawem życia. Raduję się swoją seksualnością. Raduję się całym sobą takim, jakim jestem. Kocham siebie.
Alergie	Na kogo jesteś uczulony? Wypieranie się własnej mocy.	Świat jest bezpieczny i przyjazny. Jestem bezpieczny. Jestem w zgodzie z życiem.
Alkoholizm	Jaki to wszystko ma sens? Uczucie daremności, winy, nienadawania się. Odrzucenie siebie.	Żyję teraźniejszością. Każda chwila jest czymś nowym. Chcę widzieć swoją wartość. Kocham i akceptuję siebie.
Alzheimera zespół	Pragnienie, aby porzucić ten świat. Niemożność zaakceptowania życia takim, jakie ono jest.	Wszystko dzieje się we właściwym porządku, czasie i przestrzeni. Boskie prawa działają zawsze.

Amnezja	Lęk. Ucieczka od życia. Niezdolność do obrony swojego „ja".	*Zawsze ufam swojej inteligencji, odwadze i mam poczucie własnej wartości. Bezpiecznie jest żyć.*
Anemia	Postawa „tak– ale". Brak radości. Lęk przed życiem. Poczucie bycia „nie dość dobrym".	*Jestem bezpieczny, doświadczając radości w każdej dziedzinie życia. Kocham życie.*
Anemia sierpowata	Przekonanie, że jest się nie dość dobrym, które niszczy każdą radość życia.	*To dziecko żyje, oddycha radością życia i żywi się miłością. Bóg czyni cuda każdego dnia.*
Anoreksja (jadłowstręt)	Odmawianie sobie życia. Silny lęk, nienawiść do siebie i odrzucenie.	*Bezpiecznie jest być sobą. Jestem cudowny taki, jaki jestem. Chcę żyć. Wybieram radość i akceptuję samego siebie.*
Apatia	Opieranie się uczuciu. Tłumienie swojego „ja". Lęk.	*Odczuwanie jest bezpieczne. Otwieram się na życie. Chcę doświadczać życia.*

Apetyt		
— nadmierny	Lęki. Potrzeba ochrony. Osądzanie swoich uczuć.	*Jestem bezpieczny. Bezpiecznie jest odczuwać. Moje uczucia są normalne i godne akceptacji.*
— utrata	Lęk. Ochranianie siebie. Nieufność wobec życia.	*Kocham i akceptuję siebie. Jestem bezpieczny. Życie jest bezpieczne i radosne.*
Artretyzm	Poczucie bycia niekochanym. Krytycyzm, uraza.	*Jestem miłością. Chcę teraz kochać i akceptować siebie. Patrzę na innych z miłością.*
— rąk	Chęć ukarania. Oskarżanie. Poczucie, że jest się ofiarą.	*Patrzę z miłością i zrozumieniem. Wszystkie swoje doświadczenia opromieniam światłem miłości.*
Astma	Nadmierna i przytłaczająca miłość. Niemożność wytchnienia, by zająć się sobą. Poczucie przyduszenia. Stłumiony płacz.	*Bezpiecznie jest przejąć odpowiedzialność za swoje własne życie. Postanawiam być wolnym.*

— dziecięca	Lęk przed życiem. Niechęć, aby być tutaj.	*To dziecko jest bezpieczne i kochane. Jest mile widziane i pielęgnowane.*
Barki	Są przeznaczone do niesienia radości, a nie ciężarów.	*Jestem wolny, by się cieszyć.*
Bezpłodność	Lęk i opór w stosunku do procesu życia lub brak potrzeby przejścia przez doświadczenia rodzicielskie.	*Wierzę procesowi życia. Jestem zawsze we właściwym miejscu, robię właściwe rzeczy we właściwym czasie. Kocham i akceptuję siebie.*
Bezsenność	Lęk. Brak zaufania do procesu życia. Poczucie winy.	*Z miłością żegnam ten dzień i zanurzam się w spokojny sen, wiedząc, iż jutro samo o siebie zadba.*
Białaczka	Brutalnie niszczone natchnienie. „Jaki to ma sens?"	*Wychodzę poza ograniczenia przeszłości ku obecnej wolności. Bezpiecznie jest być sobą.*
Biegunki	Lęk. Odrzucenie. Ucieczka.	*Moje przyjmowanie, przyswajanie i wydalanie są w doskonałym porządku. Jestem w zgodzie z życiem.*

Bielactwo	Brak przynależności. Poczucie bycia poza nawiasem. Nieidentyfikowanie się z grupą.	*Jestem w samym środku życia, całkowicie przeniknięty duchem miłości.*
Biodra, stawy biodrowe	Utrzymują ciało w doskonałej równowadze. Dają główny impuls przy poruszaniu się naprzód.	*Każdy dzień jest radością. Jestem zrównoważony i swobodny.*
— schorzenia	Lęk przed realizacją ważnych decyzji. Nie ma po co iść naprzód.	*Jestem w doskonałej równowadze. W każdym wieku poruszam się w życiu naprzód lekko i z radością.*
Ból (cierpienie)	Poczucie winy. Wina zawsze wymaga kary.	*Z dobrymi uczuciami żegnam przeszłość. Ludzie z mojej przeszłości są wolni i ja jestem wolny. Teraz w moim sercu wszystko jest dobre.*
Bóle	Tęsknota za miłością. Tęsknota za oparciem.	*Kocham i akceptuję siebie. Kocham i zasługuję na miłość.*

Cholesterol	Zatkane kanały radości. Obawa przed akceptowaniem radości.	*Postanawiam kochać życie. Moje kanały radości są szeroko otwarte. Bezpiecznie jest przyjmować radość życia.*
Choroby okresu dziecięcego	Wiara w ustalony porządek oraz wzorce społeczne i fałszywe zasady. Dziecinne zachowanie dostrzegane u dorosłych.	*To dziecko jest przez Opatrzność chronione i otaczane miłością. Oczekujemy dla niego psychicznej odporności.*
Chrapanie	Uparta odmowa uwolnienia się od dawnych wzorców.	*Uwalniam się od wszystkiego, co w moim umyśle nie jest miłością i radością. Przechodzę od przeszłości do tego, co nowe, świeże i żywotne.*
Ciśnienie krwi		
— nadciśnienie	Długotrwały, nie rozwiązany problem emocjonalny.	*Z radością uwalniam się od przeszłości. Jestem spokojny.*
— niedociśnienie	Brak miłości w okresie dzieciństwa. Defetyzm. „Po co to wszystko? To i tak nic nie da".	*Postanawiam żyć tym, co dzieje się w zawsze radosnej teraźniejszości. Moje życie jest radością.*

Cuchnący oddech	Złe nastawienie do wszystkiego, nikczemne plotki, nieczyste myśli.	Mówię zawsze łagodnie i z miłością. Emanuje ze mnie tylko dobro.
Cukrzyca	Silna tęsknota za tym, co mogłoby być. Potrzeba sprawowania kontroli. Głęboki smutek. Brak słodyczy.	Ta chwila wypełniona jest radością. Decyduję się doświadczać słodyczy dnia dzisiejszego.
Cushinga choroba	Niezrównoważenie psychiczne. Nadmiar niszczących myśli. Uczucie przytłoczenia.	Z miłością równoważę mój umysł i ciało. Wybieram myśli poprawiające moje samopoczucie.
Cysty	Przeżywanie starego, bolesnego filmu. Pielęgnowanie uraz. Błędnie pojęty rozwój.	Filmy mojego umysłu są piękne, ponieważ ja tak chcę. Kocham siebie.
Czyrak	Złość. Kipienie. Wrzenie.	Wyrażam miłość i radość, jestem spokojny.
Czyrak mnogi	Patrz: Karbunkuł.	

Dłonie	Trzymają, dotykają, ściskają, chwytają. Porywają i upuszczają. Pieszczą. Szczypią. Wszystko, co dotyczy radzenia sobie w życiu.	Chcę przyjmować wszystkie moje doświadczenia z miłością, radością i łatwością.
Dreszcze	Psychiczne „kurczenie się", wycofywanie. Chęć ucieczki. „Zostawcie mnie w spokoju".	W każdej chwili jestem całkowicie bezpieczny. Otacza mnie ochraniająca miłość. Wszystko dzieje się dobrze.
Drętwienie	Powstrzymywanie miłości i niedostrzeganie innych. Obumieranie psychiczne.	Dzielę się swoimi uczuciami i miłością. Odpowiadam na miłość wszystkich.
Drożdżyce, pleśniawki	Poczucie wielkiego roztargnienia. Wiele frustracji i złości. Duże wymagania i brak zaufania do ludzi. Egocentryzm.	Pozwalam sobie być tym, kim mogę być. Zasługuję na najlepsze w życiu. Kocham i szanuję siebie i innych.
Duszność, napady	Lęk. Brak zaufania do procesu życia. Pozostawanie na etapie doświadczeń dzieciństwa.	Bezpiecznie jest dorastać, świat jest bezpieczny. Jestem bezpieczny.

Dyskopatia	Poczucie braku życiowego wsparcia. Niezdecydowanie.	*Życie wspiera wszystkie moje myśli, przeto kocham i aprobuję siebie. Wszystko jest dobre.*
Dziąsła		
— krwawienia	Brak radości z podjętych w życiu decyzji.	*Ufam, że moje działanie zawsze jest właściwe. Jestem spokojny.*
— zapalenia	Niemożność uzasadnienia swoich decyzji. „Nie wiem, czego chcę od życia".	*Jestem osobą zdecydowaną. Doprowadzam do końca moje działania i wspieram siebie z miłością.*
Gangrena	Słabość psychiczna. Zagłuszanie radości trującymi myślami.	*Chcę, aby moje myśli były harmonijne i pozwalam radości przepływać przeze mnie swobodnie.*
Garbienie się	Niesienie ciężarów życia. Poczucie bezbronności i beznadziejności.	*Stoję prosto i jestem wolny. Kocham i aprobuję siebie. Z dnia na dzień jest coraz lepiej.*

Gardło	Droga ekspresji. Kanał twórczości.	*Otwieram swoje serce i wychwalam radość miłości.*
— choroby	Niemożność wypowiedzenia swojego „ja". Zdławiona złość. Stłumiona ekspresja twórcza. Odmowa zmiany.	*Głośne mówienie nie jest niczym złym. Wyrażam swoje „ja" swobodnie i radośnie. Wypowiadam swoje zdanie z łatwością. Wyrażam swoją twórczość. Chcę się zmienić.*
— uczucie ucisku	Lęk. Brak wiary w proces życia.	*Jestem bezpieczny. Wierzę, iż życie stoi przede mną otworem. Wyrażam swoje „ja" swobodnie i radośnie.*
Geriatryczne problemy	Przekonania społeczne. Dawny sposób myślenia. Obawa bycia sobą. Odrzucenie aktualnej sytuacji.	*Kocham i akceptuję siebie w każdym wieku. Każdy moment życia jest doskonały.*
Głowa		
— bóle	Świadomość, że się do niczego nie nadaję. Krytykowanie siebie. Lęk.	*Kocham i aprobuję siebie. Patrzę na siebie i na to, co robię, oczyma miłości. Jestem bezpieczny.*

— zawroty	Pierzchające, rozproszone myśli. Odmowa patrzenia.	*Jestem głęboko skupiony i spokojny. Mogę bezpiecznie żyć i cieszyć się życiem.*
Głuchota	Odmowa, upór, izolacja. Czego nie chcecie usłyszeć? „Nie zawracajcie mi głowy".	*Słucham Boskiego głosu wokół i cieszę się wszystkim, co mogę słyszeć. Stanowię jedność ze wszystkim.*
Gorączka	Złość. Rozpalone emocje.	*W sposób chłodny i wyciszony wyrażam miłość i spokój.*
Grasica	Główny gruczoł systemu immunologicznego. „Oni chcą mnie dopaść". Poczucie, że jest się atakowanym przez życie. „Wszyscy tylko czyhają na mnie".	*Moje dobre myśli utrzymują mój system immunologiczny w dobrym stanie. Czuję się bezpiecznie zarówno od wewnątrz, jak i z zewnątrz. Uzdrawiam siebie miłością.*
Gruczoły dokrewne	Symbolizują punkty zatrzymania. Działanie, które nie bierze się z mojej inicjatywy.	*To ja jestem mocą twórczą w moim świecie.*

— zaburzenia	Zbyt mało pomysłów, aktywnego i skutecznego działania.	*Opatrzność podsuwa mi wszelkie idee i działania, jakich potrzebuję. Ruszam od razu naprzód.*
Gruźlica	Usychanie z samolubstwa. Zaborczość. Okrutne myśli. Pragnienie odwetu.	*Skoro kocham i akceptuję siebie, tworzę radosny, spokojny świat, w którym mam żyć.*
Grypa	Reakcja na powszechne negatywne nastawienie i przekonania. Lęk. Wiara w słuszność tego, co statystycznie uznawane.	*Jestem ponad ogólne przekonania lub wiarę we ,,właściwą porę". Jestem wolny od wpływów wszystkiego, co masowe.*
Grzybica stóp	Frustracja z powodu bycia nieakceptowanym. Niezdolność do łatwego poruszania się naprzód.	*Kocham i akceptuję siebie. Pozwalam sobie iść naprzód. Poruszanie się jest bezpieczne.*
Grzybica strzygąca	Zgoda na to, aby inni zależli nam za skórę. Poczucie bycia ,,nie dość dobrym" lub ,,nie dość czystym".	*Kocham i aprobuję siebie. Nikt i nic nie ma władzy nade mną. Jestem wolny.*

Guzki	Uraza, frustracja i zranione „ego" z powodu niepowodzeń.	Odrzucam wzorzec odkładania na później i pozwalam sobie na osiągnięcie sukcesu.
Guzy, nowotwory	Pielęgnowanie dawnych uraz i wstrząsów. Tworzenie wyrzutów sumienia.	Z miłością uwalniam się od przeszłości i zwracam uwagę ku nowemu dniu. Wszystko dzieje się dobrze.
Heinego-Mediny choroba	Paraliżująca zazdrość. Chęć powstrzymania kogoś.	Istnieje obfitość wszystkiego wystarczająca dla każdego. Dobrymi myślami tworzę swoje dobro i swoją wolność.
Hemoroidy	Obawa przed tym, że nie zdąży się w terminie. Złość z powodu przeszłości. Obawa przed odpuszczeniem przeszłości. Poczucie obarczenia.	Uwalniam wszystko, co nie jest miłością. Jest czas i miejsce na wszystko, co zamierzam zrobić.
Hiperglikemia	Patrz: Cukrzyca.	
Hiperwentylacja	Lęk. Opieranie się zmianom. Nieufanie zachodzącemu procesowi.	Jestem bezpieczny w każdym miejscu Wszechświata. Kocham siebie i ufam procesowi życia.

Hipoglikemia	Przytłoczenie ciężarami życia. „Jaki to ma sens?"	*Chcę uczynić moje życie lekkim, łatwym i radosnym.*
Hodgkina choroba	Wina i silny lęk z powodu „bycia nie dość dobrym". Szaleńczy wyścig, by udowodnić swoją wartość aż do wyczerpania żywotnych właściwości. W wyścigu tym zapomniano o radości życia.	*Jestem bardzo szczęśliwy będąc sobą. Jestem wystarczająco dobry taki, jaki jestem. Kocham i aprobuję siebie. Wyrażam i otrzymuję radość.*
Impotencja	Presja seksualna, napięcie, poczucie winy. Przekonania społeczne. Uraza do poprzedniego partnera. Strach przed matką.	*Pozwalam teraz, aby moja energia płciowa zadziałała z pełną mocą, swobodnie i z radością.*
Infekcje	Niezadowolenie, złość, rozdrażnienie.	*Chcę żyć spokojnie i w wewnętrznej harmonii.*
Jajniki	Symbolizują miejsce tworzenia życia. Twórczość.	*Zachowuję równowagę w swojej działalności twórczej.*
Jądra	Zasada męskości, męskość.	*Bezpiecznie jest być mężczyzną.*

Jąkanie się	Niepewność. Nieumiejętność wyrażenia siebie. Niepozwalanie sobie na płacz.	*Wolno mi wypowiadać się we własnym imieniu. Jestem teraz pewny w wyrażaniu siebie. Porozumiewam się w sposób pełny miłości.*
Jelita	Symbolizują uwolnienie się od tego, co zbędne.	*Proces uwalniania się jest łatwy.*
— choroby jelit	Obawa przed porzuceniem tego, co stare i niepotrzebne.	*Swobodnie i łatwo uwalniam się od tego, co stare, i z radością witam nowe.*
— jelito grube, wrzodziejące zapalenie	Nawarstwione pokłady starych, chaotycznych myśli zamykających kanał usuwania tego, co zbędne. Nurzanie się w lepkim błocie przeszłości.	*Oddalam i unieważniam przeszłość. Myślę przejrzyście, żyję teraźniejszością w spokoju i radości.*
—jelito kręte, zapalenie	Lęk. Zmartwienia. Poczucie, że jest się „nie dość dobrym".	*Kocham i akceptuję siebie. Robię wszystko najlepiej, jak umiem. Jestem cudowny. Jestem spokojny.*

Kamica żółciowa	Zgorzknienie. Ciężkie myśli. Potępianie. Duma.	Istnieje radosne uwolnienie się od przeszłości. Życie jest słodkie, ja także.
Karbunkuł, czyrak mnogi	Zatruwająca złość z powodu osobistych krzywd.	Uwalniam się od przeszłości i pozwalam, aby czas leczył wszystkie dziedziny mego życia.
Katarakta	Niezdolność patrzenia w przyszłość z radością. Czarnowidztwo.	Życie jest wieczne i wypełnione radością. Czekam na każdą nową chwilę.
Katar sienny	Przeciążenie emocjonalne. Lęk przed upływem czasu. Przekonanie, że jest się prześladowanym. Poczucie winy.	Stanowię jedność z całością życia. Jestem bezpieczny o każdej porze.
Kobiece choroby	Wyrzeczenie się siebie. Odrzucanie kobiecości. Odrzucanie podstawowej zasady bycia kobietą.	Cieszę się swoją kobiecością. Kocham bycie kobietą. Kocham moje ciało.
— cysty, włókniaki	Pielęgnowanie urazy do partnera. Urażone kobiece „ja".	Odrzucam wzorzec, który spowodował to doświadczenie. Tworzę tylko to, co dobre w moim życiu.

Kolana	Symbolizują dumę i „ego" (część struktury osobowości, reprezentującą przystosowanie do rzeczywistości).	*Jestem podatny na zmiany i biorę w nich udział.*
— schorzenia	Uparte „ego" i duma. Niezdolność do ugięcia się. Lęk. Nieelastyczność. Nieustępliwość.	*Wybaczenie. Wyrozumiałość. Współczucie. Przystosowuję się i poddaję z łatwością; wszystko dzieje się dobrze.*
Kolka	Atmosfera podenerwowania, zniecierpliwienia, niezadowolenia w otoczeniu.	*To dziecko reaguje tylko na miłość i na myśli pełne miłości. Wszystko jest przepełnione spokojem.*
Kości	Symbolizują budowę wszechświata.	*Jestem dobrze zbudowany i zrównoważony.*
— deformacje	Presja psychiczna, napięcie. Mięśnie nie mogą rozprostować się. Usztywnienie psychiczne.	*Oddycham pełnią życia. Rozluźniam się i zawierzam biegowi oraz procesowi życia.*
— kości i szpiku zapalenie	Złość i frustracja u samych podstaw życia. Poczucie braku wsparcia.	*Jestem w zgodzie z życiem i zawierzam jego procesowi. Jestem bezpieczny i pewny.*

— złamania	Bunt przeciwko autorytetom.	W moim świecie ja sam jestem dla siebie autorytetem; to ja sam tworzę własne myśli.
Kręgosłup	Dostosowane do sytuacji wspieranie życia.	Życie udziela mi wsparcia.
— kręgosłupa skrzywienie	Niezdolność poddania się wspierającemu biegowi życia. Lęk i próba trzymania się starych prawd. Brak wiary w życie. Brak rzetelności. Brak odwagi przekonań.	Oddalam wszelkie lęki. Ufam procesowi życia. Wiem, że życie jest dla mnie. Stoję prosto, wypełniony miłością.
Krew	Symbolizuje radość obecną w ciele, płynącą swobodnie.	Jestem człowiekiem wyrażającym i otrzymującym radość życia.
— choroby krwi	Brak radości. Brak dopływu nowych pomysłów i koncepcji.	Nowe, radosne idee krążą we mnie swobodnie.
— zakrzepy	Zamknięcie przepływu radości.	Budzę w sobie nowe życie. Płynę.
Krótkowzroczność	Lęk przed przyszłością. Brak wiary w to, co przed nami.	Zawierzam procesowi życia. Jestem bezpieczny.

Krtań, zapalenie	Wściekłość odbierająca mowę. Obawa przed wypowiadaniem swojego zdania. Urażony autorytet.	*Wolno mi prosić o wszystko, czego potrzebuję. Bezpiecznie jest wyrażać swoje zdanie. Jestem w zgodzie z sobą.*
Krwawienia	Uciekająca radość. Złość.	*Jestem człowiekiem w doskonałym rytmie wyrażającym i otrzymującym radość życia.*
Krzywica	Niedożywienie emocjonalne. Brak miłości i bezpieczeństwa.	*Jestem bezpieczny i żywię się miłością Wszechświata.*
Kurzajki	Drobne wyrazy nienawiści. Przekonanie o własnej brzydocie.	*Jestem miłością i pięknem życia w całej jego okazałości.*
Limfatycznego układu choroby	Ostrzeżenie, że należy skoncentrować umysł na sprawach najważniejszych w życiu: miłości i radości.	*Jestem teraz całkowicie skoncentrowany na życiu w radości i miłości. Płynę wraz z życiem. Mój umysł jest spokojny.*
Lokomocyjna choroba	Lęk. Poczucie uwiązania, usidlenia.	*Z łatwością poruszam się w czasie i przestrzeni. Otacza mnie tylko miłość.*

Łokieć	Symbolizuje zmianę kierunków i akceptację nowych doświadczeń.	*Z łatwością poddaję się nowym doświadczeniom, nowym kierunkom i zmianom.*
Łonowa kość	Stanowi ochronę narządów płciowych.	*Moja płciowość jest bezpieczna.*
Łonowe owłosienie	Jest zarówno tym, co przyciąga, jak i tym, co ukrywa. Zarówno dzieci, jak i starcy pozbawieni są owłosienia łonowego.	
Łuszczyca	Lęk przed zranieniem. Tłumienie zmysłów i swojego „ja". Odmowa podejmowania odpowiedzialności za swoje własne uczucia.	*Jestem otwarty na radości życia. Zasługuję na to, co najlepsze w życiu, i akceptuję to. Kocham i aprobuję siebie.*
Łysienie	Lęk. Napięcie. Próba kontrolowania wszystkiego. Nieufanie procesowi życia.	*Jestem bezpieczny. Kocham i akceptuję siebie. Ufam życiu.*
Macica	Symbolizuje twórczy dom.	*W swoim ciele czuję się jak w domu.*

Mdłości	Lęk. Odrzucenie idei lub doświadczenia.	*Jestem bezpieczny. Zawierzam procesowi życia, który przynosi mi tylko dobro.*
Menopauza	Lęk spowodowany poczuciem, że jest się niepotrzebnym. Lęk przed starzeniem się. Odrzucanie siebie. Poczucie, że jest się „nie dość dobrym".	*Jestem zrównoważona i spokojna we wszystkich zmianach cykli i obdarzam moje ciało miłością.*
Miażdżyca naczyń	Opór, napięcie. Usztywniony, ciasny umysł. Wzbranianie się przed widzeniem dobra.	*Jestem całkowicie otwarty na życie i radość. Pragnę patrzeć z miłością.*
Miesiączkowanie, zaburzenia	Odrzucenie własnej kobiecości. Poczucie winy, lęk. Przekonanie o grzeszności i nieczystości narządów płciowych.	*Akceptuję moją kobiecą siłę i akceptuję wszystkie procesy zachodzące w moim ciele jako normalne i naturalne. Kocham i aprobuję siebie.*
Mięśni zanik	Ogromny lęk. Szalona żądza kontrolowania wszystkiego i wszystkich. Głęboka potrzeba bezpieczeństwa. Utrata wiary i zaufania.	*Życie jest bezpieczne. Bezpiecznie jest być sobą. Uznaję się za wystarczająco dobrego. Wierzę w siebie.*

Migdałki		
— przerost	Spory rodzinne, kłótnie. Dziecko czuje się w jakiś sposób nie chciane.	*To dziecko jest chciane, oczekiwane i darzone głęboką miłością.*
— zapalenie	Lęk. Tłumione uczucia. Zahamowana twórczość.	*Moje dobro przepływa teraz swobodnie. Boskie idee wyrażają się przeze mnie. Jestem spokojny.*
Migreny	Niechęć do bycia kierowanym. Opieranie się rytmowi życia. Lęki seksualne.	*Odprężam się i poddaję nurtowi życia. Łatwo i bez oporu pozwalam życiu zadbać o wszystko, co jest mi potrzebne. Życie jest dla mnie.*
Moczenie nocne	Lęk przed rodzicami, zazwyczaj przed ojcem.	*Traktujemy to dziecko z miłością, współodczuwaniem i zrozumieniem. Wszystko jest dobrze.*
Moczowe drogi, zapalenie	Poczucie, że jest się lekceważonym, „olewanym". Zazwyczaj przez płeć przeciwną lub partnera. Obwinianie innych.	*Usuwam z mojej świadomości wzorzec, który doprowadził do tej sytuacji. Chcę się zmienić. Kocham i akceptuję siebie.*

Mononukleoza	Złość, że nie otrzymuje się miłości i uznania. Zaprzestanie troski o siebie.	*Kocham, akceptuję i troszczę się o siebie. Jestem wystarczająco dobry.*
Morska choroba	Lęk. Lęk przed utratą panowania.	*Zawsze mam władzę nad swoimi myślami. Jestem bezpieczny. Kocham i aprobuję siebie.*
Mózg	Wyobraża komputer, tablicę rozdzielczą.	*Jestem pełnym oddania operatorem swojego umysłu.*
— guzy mózgu	Wprowadzone do komputera umysłu nieprawidłowe przekonania. Nieustępliwość. Odmowa zmiany starych wzorców.	*Z łatwością przeprogramowuję komputer mojego umysłu. Wszystko w życiu jest zmienne, a mój umysł jest wiecznie nowy.*
Nadgarstek	Symbolizuje ruch i swobodę.	*Wszystkimi swoimi doświadczeniami kieruję z mądrością, miłością i łatwością.*
Nadnercza, niewydolność	Defetyzm. Zaniedbywanie siebie. Niepokój.	*Kocham i akceptuję siebie. Mogę bez żadnej obawy dbać o siebie.*

Nadwaga	Lęk, potrzeba opieki i oparcia. Ucieczka przed uczuciami. Brak bezpieczeństwa, odrzucenie siebie. Szukanie spełnienia.	*Jestem w zgodzie ze swoimi uczuciami. Jestem bezpieczny tu, gdzie jestem. Tworzę swoje własne bezpieczeństwo. Kocham i aprobuję siebie.*
Nagniotki podeszwowe	Złość w samym sposobie podejścia do życia. Narastająca frustracja co do przyszłości.	*Posuwam się naprzód z ufnością i łatwością. Zawierzam procesowi życia i daję mu się ponieść.*
Nałogi	Ucieczka od siebie. Lęk. Nieumiejętność kochania siebie.	*Odkrywam teraz swoje piękno. Chcę kochać siebie i cieszyć się sobą.*
Napięcie przedmiesiączkowe	Zgoda na panowanie chaosu. Udzielanie siły czynnikom zewnętrznym. Odrzucenie kobiecych procesów fizjologicznych.	*Biorę teraz odpowiedzialność za swój umysł i życie. Jestem silną i dynamiczną kobietą! Każda część mojego ciała pracuje znakomicie. Kocham siebie.*
Narośla	Pielęgnowanie dawnych uraz. Tworzenie pretensji.	*Z łatwością przebaczam. Kocham siebie i będę się nagradzać pochwalnymi myślami.*

Narządy płciowe	Symbolizują zasady kobiecości i męskości.	*Bezpiecznie jest być tym, kim jestem.*
— zaburzenia	Martwienie się, że jest się „nie dość dobrym".	*Cieszy mnie mój własny sposób wyrażania życia. Jestem doskonały taki, jaki jestem. Kocham, aprobuję siebie.*
Nerki		
— schorzenia	Krytycyzm, rozczarowanie, poczucie niepowodzenia. Wstyd. Reakcje na poziomie małego dziecka.	*Moje życie toczy się zawsze zgodnie z Boskim prawem. Z każdego doświadczenia życiowego wynika tylko dobro. Dorastanie jest bezpieczne.*
— zapalenie	Poczucie, jakby było się dzieckiem, które „nie potrafi nic zrobić dobrze" i nie jest „dość dobre". Nieudacznictwo. Zagubienie.	*Kocham i akceptuję siebie. Troszczę się o siebie. Zawsze staję na wysokości zadania.*
Nerwy	Symbolizują porozumiewanie się. Są wrażliwymi sprawozdawcami.	*Porozumiewam się z łatwością i radością.*

— depresja	Skupienie się wyłącznie na sobie. Zablokowanie kanałów komunikacyjnych.	Otwieram serce i porozumiewam się tylko w sposób pełny miłości. Jestem bezpieczny. Czuję się dobrze.
— nerwobóle	Karanie za winę. Udręka z powodu trudności w porozumiewaniu się.	Wybaczam sobie. Kocham i aprobuję siebie. Porozumiewam się z miłością.
— nerwowość	Lęk, niepokój, zmaganie się, pośpiech. Brak wiary w proces życia.	Jestem w nie kończącej się podróży przez wieczność i mam wiele czasu. Porozumiewam się sercem. Wszystko jest dobrze.
Niekontrolowanie odruchów wydalania	Przelewanie się uczuć trzymanych przez całe lata pod kontrolą.	Chcę przeżywać uczucia. Bezpiecznie jest okazywać swoje uczucia. Kocham siebie.
Niepokój	Nieufność wobec biegu i procesu życia.	Kocham i akceptuję siebie. Ufam procesowi życia. Jestem bezpieczny.
Niestrawność	Odczuwany na poziomie wnętrzności lęk, przerażenie, niepokój. Chwyta i pomrukuje.	Przetrawiam i przyswajam sobie wszystkie nowe doświadczenia życiowe spokojnie i radośnie.

Nieuleczalna choroba	Nie może być obecnie wyleczona „od zewnątrz". Musimy „wejść do środka", by dokonać uleczenia. Choroba przyszła znikąd i tam wróci.	*Cuda zdarzają się codziennie. Wchodzę do swego wnętrza, aby skasować wzorzec odpowiedzialny za ten stan, i przyjmuję Boskie uzdrowienie. I tak też jest!*
Nogi	Niosą nas w życiu naprzód.	*Życie jest dla mnie.*
— uda, schorzenia	Trzymanie się urazów z dzieciństwa.	*Dorośli postępowali, jak umieli najlepiej, według swojej zdolności rozumienia, świadomości i wiedzy. Uwalniam ich od odpowiedzialności za to.*
— podudzia	Lęk przed przyszłością. Niechęć do ruszenia naprzód.	*Ruszam do przodu z zaufaniem i radością, wiedząc, że w przyszłości wszystko będzie dobre.*
Nos	Symbolizuje uznanie dla siebie, samoakceptację.	*Uznaję swoje zdolności intuicyjne.*

— krwawienie z nosa	Potrzeba uznania. Poczucie, że jest się nie uznawanym i nie dostrzeganym. Wołanie o miłość.	*Kocham i aprobuję siebie. Doceniam swoją prawdziwą wartość. Jestem wspaniały.*
— nadprodukcja śluzu	Wewnętrzny płacz. Dziecinne łzy. Ofiara.	*Potwierdzam i akceptuję swoją twórczą moc w moim świecie. Od tej chwili chcę cieszyć się życiem.*
Obłęd	Ucieczka od rodziny. Eskapizm. Wycofanie się. Gwałtowna separacja od życia.	*Mój umysł zna swoją prawdziwą tożsamość. Jest twórczym wyrazem Boskiego działania.*
Obrzęki	Czemu lub komu nie pozwalacie odejść?	*Z chęcią pozostawiam przeszłość. Bezpiecznie jest pozwolić jej odejść. Teraz jestem wolny.*
Oczy	Symbolizują możność widzenia jasno przeszłości, teraźniejszości i przyszłości.	*Patrzę z miłością i radością.*
— astygmatyzm	Kłopoty z własnym „ja". Obawa realnego widzenia siebie.	*Chcę teraz widzieć swoje piękno i wspaniałość.*

— choroby oczu	Nieakceptowanie tego, co widzicie w swoim życiu.	*Teraz tworzę życie, na które patrzę z upodobaniem.*
— dalekowroczność	Obawa przed teraźniejszością.	*Jestem bezpieczny tu i teraz. Widzę to.*
— jaskra	Nieprzejednana odmowa wybaczenia. Presja długo noszonych w sobie uraz. Przytłoczenie tym wszystkim.	*Patrzę z miłością i czułością.*
— krótkowroczność	Obawa przed przyszłością.	*Akceptuję Boskie przewodnictwo i jestem zawsze bezpieczny.*
— zaburzenia widzenia u dzieci	Niechęć do patrzenia na to, co dzieje się w rodzinie.	*Harmonia, radość, piękno i bezpieczeństwo otaczają teraz to dziecko.*
— zaćma (katarakta)	Niezdolność do patrzenia z radością w przyszłość. Czarnowidztwo.	*Życie jest wieczne i wypełnione radością.*
— zez rozbieżny	Obawa widzenia tego, co jest obecne tu i teraz.	*Kocham i akceptuję siebie właśnie teraz.*

— zez zbieżny	Niechęć do widzenia tego, co jest tam, na zewnątrz. Pokrzyżowane zamiary.	*Patrzenie jest dla mnie bezpieczne. Jestem spokojny.*
Odbijanie się, zgaga	Lęk. Zbyt łapczywe chwytanie życia.	*Jest czas i miejsce na wszystko, co mam do zrobienia. Jestem spokojny.*
Odbyt	Miejsce uwalniania. Śmietnisko.	*Łatwo i spokojnie uwalniam się od tego, co już niepotrzebne w moim życiu.*
— bóle	Poczucie winy i bycia „nie dość dobrym". Pragnienie kary.	*Przeszłość minęła. Teraz decyduję się kochać i akceptować siebie.*
— krwawienia	Złość i frustracja.	*Ufam procesowi życia. Tylko dobre i właściwe działanie ma miejsce w moim życiu.*
— owrzodzenie	Złość w stosunku do tego, czego nie chcesz się pozbyć.	*Bezpiecznie jest pozbywać się tego, czego nie chcę. Tylko to, czego już nie potrzebuję, opuszcza moje ciało.*

— przetoka	Niecałkowite uwolnienie się od odpadków. Trzymanie się śmieci z przeszłości.	*Z miłością uwalniam się całkowicie od przeszłości. Jestem wolny. Jestem miłością.*
— świąd	Poczucie winy dotyczące przeszłości. Wyrzuty sumienia.	*Z miłością wybaczam sobie. Jestem wolny.*
Oddech	Symbolizuje zdolność korzystania z życia.	*Kocham życie.*
— kłopoty z oddychaniem	Lęk lub odmowa korzystania w pełni z życia. Poczucie, że nie ma się prawa do zajmowania miejsca, a nawet do istnienia.	*Mam przyrodzone prawo żyć swobodnie pełnią życia. Zasługuję na miłość. Decyduję się żyć pełnią życia.*
Okrężnica, zapalenie	Zbyt wymagający rodzice. Poczucie przygnębienia i klęski. Silna potrzeba uczucia.	*Kocham i akceptuję siebie. Ja tworzę radość mojego życia. Wybieram życie zwycięskie.*

Omdlenia	Lęk. Niemożność poradzenia sobie. Zaciemnianie.	*Mam władzę, siłę i wiedzę umożliwiające radzenie sobie ze wszystkim w moim życiu.*
Oparzenia	Złość. Zapalczywość. Stan rozdrażnienia.	*Tworzę tylko pokój i harmonię w sobie i w moim otoczeniu. Zasługuję na to, by czuć się dobrze.*
Opon mózgowych zapalenie	Głęboka niezgoda rodzinna, życie w atmosferze lęku i złości. Chaos wewnętrzny. Brak wsparcia.	*Chcę stworzyć spokój w moim umyśle, moim ciele i moim świecie. Wszystko dzieje się dobrze. Jestem bezpieczny i kochany.*
Opryszczki (półpasiec)	Mocne przekonanie o winie seksualnej i konieczności ukarania. Wstyd. Wiara w karzącego Boga. Negacja genitaliów.	*Moje pojmowanie Boga wspiera mnie. Jestem normalny i w zgodzie z naturą. Cieszę się własną seksualnością i ciałem. Jestem wspaniały.*
Oskrzela, zapalenie (bronchit)	"Zapalne" otoczenie rodzinne. Kłótnie i krzyki. Okresy "cichych dni".	*Ogłaszam pokój i harmonię we mnie i wokół mnie. Wszystko dzieje się dobrze.*

Otyłość	Często symbolizuje lęk i wskazuje na potrzebę ochrony. Nadwrażliwość.	*Chroni mnie Boska miłość. Jestem zawsze bezpieczny i pewny.*
Oziębłość	Lęk. Wyrzekanie się przyjemności. Przekonanie, że seks jest czymś złym. Nieczuli partnerzy.	*Bezpiecznie jest cieszyć się własnym ciałem. Cieszę się, że jestem kobietą.*
Padaczka	Poczucie prześladowania. Odrzucanie życia. Uczucie wielkiego zmagania się. Autoagresja.	*Chcę widzieć życie jako wieczne i radosne. Jestem wieczny, radosny i w zgodzie z sobą.*
Palce dłoni	Symbolizują poszczególne sfery życia.	*We wszystkich sferach mojego życia panuje spokój.*
— kciuk	Symbolizuje sferę intelektu i zmartwienie.	*Mój umysł jest spokojny.*
— wskazujący	Symbolizuje „ego" (zespół funkcji myślenia, postrzegania, oceny rzeczywistości itp) i lęk.	*Jestem bezpieczny.*

— środkowy	Symbolizuje złość i seksualność.	*Dobrze się czuję z moją seksualnością.*
— serdeczny	Symbolizuje związki z ludźmi i żal.	*Spokojnie kocham.*
— mały	Symbolizuje sferę rodzinną i udawanie.	*W wielkiej rodzinie tego, co żyje, ja jestem sobą.*
Palce stóp	Symbolizują drobniejsze sprawy dotyczące przyszłości.	*Wszystkie drobniejsze sprawy same ułożą się we właściwy sposób.*
Paraliż	Lęk, paniczny strach. Ucieczka od jakiejś sytuacji lub osoby. Opór.	*Stanowię jedność z całością życia. Jestem bezpieczny i staję na wysokości zadania we wszystkich sytuacjach.*
Parkinsona choroba	Lęk i silne pragnienie rządzenia wszystkimi i wszystkim.	*Odprężam się wiedząc, że jestem bezpieczny. Życie mi sprzyja i ufam jego procesowi.*

Paznokcie	Symbolizują obronę.	*Sięgam bezpiecznie.*
— obgryzanie	Frustracja. Podgryzanie siebie. Uraza do jednego z rodziców.	*Dorastanie jest dla mnie procesem bezpiecznym. Kieruję swoim życiem z radością i łatwością.*
Paznokieć wrastający	Zmartwienie i poczucie winy z powodu własnego prawa do pójścia naprzód.	*Wybór własnego kierunku w życiu jest moim świętym prawem. Jestem bezpieczny i wolny.*
Pęcherz moczowy, kłopoty i dolegliwości	Niepokój. Skostniałe poglądy. Obawa przed porzuceniem rutyny życia. Poczucie, że jest się lekceważonym.	*Z ulgą i łatwością odrzucam to, co stare, i witam nowe w moim życiu. Jestem bezpieczny.*
Pęcherze na skórze	Opór. Brak wsparcia uczuciowego.	*Łagodnie płynę z życiem... i każdym nowym doświadczeniem. Wszystko jest dobre.*
Piersi	Symbolizują macierzyństwo, wychowanie i karmienie.	*Zachowuję doskonałą równowagę między przyjmowaniem i dawaniem pożywienia.*

— choroby piersi, guzy, owrzodzenia	Dawanie pierwszeństwa innym. Odmawianie sobie pokarmu. Nadmiar uczuć macierzyńskich. Nadopiekuńczość. Apodyktyczność.	*Jestem osobą ważną i liczącą się. Troszczę się o siebie i odżywiam z miłością i radością. Pozwalam innym być tym, kim tylko chcą. Wszyscy jesteśmy bezpieczni i wolni.*
Plecy	Symbolizują wsparcie życiowe.	*Wiem, że życie zawsze mnie wspiera.*
— górna część	Brak wsparcia uczuciowego. Czucie się niekochanym. Powstrzymywanie miłości.	*Kocham i akceptuję siebie. Życie mnie wspiera i kocha.*
— środkowa część	Wina. Poczucie uwięzienia w bagażu przeszłości. Chęć oderwania się od niego.	*Uwalniam się od przeszłości. Jestem wolny, idę przed siebie z miłością w sercu.*
— dolna część	Lęk związany z pieniędzmi. Brak wsparcia finansowego.	*Ufam procesowi życia. Wszystko, czego potrzebuję, jest mi zawsze zapewnione. Jestem bezpieczny.*

Płacz	Łzy są rzeką życia. Pojawiają się tak w radości, jak w smutku i lęku.	Zachowuję spokój we wszystkich moich uczuciach. Kocham i akceptuję siebie.
Płuca	Zdolność przyjmowania życia.	Przyjmuję życie w doskonałej harmonii.
— choroby płuc	Depresja. Żal. Obawa przed aktywnym życiem. Poczucie, że jest się niegodnym żyć pełnią życia.	Jestem zdolny do przyjęcia życia w całej jego pełni. Z przyjemnością z niej korzystam.
— zapalenie	Rozpacz. Zmęczenie życiem. Rany emocjonalne nie dające się uleczyć.	Swobodnie przyjmuję Boskie idee, które wypełnione są tchnieniem i mądrością życia. To nowa chwila.
Pochwa, zapalenie	Złość na partnera. Poczucie seksualnej winy. Karanie siebie.	Inni odzwierciedlają miłość i moją samoakceptację. Cieszę się swoją seksualnością.
Podagra moczanowa (dna)	Potrzeba dominowania. Niecierpliwość, złość.	Jestem bezpieczny i spokojny. Jestem w zgodzie z sobą i z innymi.

Pokrzywka	Małe, skryte lęki. Wyolbrzymianie problemów.	*Wprowadzam spokój w każdy zakątek mego życia.*
Poronienie	Lęk. Lęk przed przyszłością. Nie teraz — później. Niewłaściwy dobór czasu.	*Moje życie toczy się zawsze zgodnie z Boskim prawem. Kocham i akceptuję siebie. Wszystko jest dobre.*
Pośladki, mięśnie	Symbolizują siłę. Zwiotczałe — utrata mocy.	*Używam swojej siły mądrze. Jestem silny. Czuję się bezpiecznie. Wszystko dzieje się dobrze.*
Półpasiec	Obawa, że zaraz wydarzy się coś złego. Lęk i napięcie. Zbytnia wrażliwość.	*Jestem odprężony i spokojny, ponieważ ufam procesowi życia. Wszystko jest w moim świecie dobre.*
Prostata (gruczoł krokowy)	Symbolizuje zasadę męskości.	*Akceptuję i cieszę się swoją męskością.*
— choroby	Psychiczne lęki osłabiające męskość. Poddanie się. Presja seksualna i poczucie winy. Poczucie starzenia się.	*Kocham i aprobuję siebie. Akceptuję swoją własną moc. Jestem zawsze młody duchem.*

Przepukliny	Zerwane więzi. Napięcie, ciężary. Niewłaściwa ekspresja twórcza.	*Mój umysł jest pełen łagodności i harmonii. Kocham i aprobuję siebie. Wolno mi być sobą.*
Przetoki	Lęk. Blokada procesu uwalniania.	*Jestem bezpieczny. Całkowicie ufam procesowi życia. Życie jest dla mnie.*
Przewlekłe choroby	Odmowa zmiany. Lęk przed przyszłością. Brak poczucia bezpieczeństwa.	*Chcę się zmieniać i rozwijać. Chcę stworzyć nową, bezpieczną przyszłość.*
Przeziębienia	Zbyt wiele dzieje się naraz. Psychiczny zamęt, rozgardiasz. Drobne urazy. Przekonanie: „Każdej zimy trzy razy przeziębiam się".	*Pozwalam umysłowi wypocząć i zaznać spokoju. Jasność i harmonia są we mnie i wokół mnie.*
Przysadka	Reprezentuje ośrodek kontroli.	*Mój umysł i ciało są doskonale zrównoważone. Kontroluję swoje myśli.*
Puchnięcie	Zahamowanie w myśleniu. Przeszkadzające, bolesne myśli.	*Moje myśli płyną swobodnie i łatwo. Poruszam się w nich z łatwością.*

Rak	Głęboka rana. Długo utrzymująca się uraza. Głęboko skrywana tajemnica lub żal zżerający od środka. Noszenie w sobie nienawiści. „Po co to wszystko?"	*Z miłością wybaczam i uwalniam się od całej przeszłości. Postanawiam wypełnić mój świat radością. Kocham i akceptuję siebie.*
Rakowate narośle	Powstrzymywanie nienawistnych słów cisnących się na wargi. Oskarżenia.	*Tworzę tylko radosne doświadczenia w moim ukochanym świecie.*
Ramiona	Symbolizują zdolność i możliwość przyjmowania doświadczeń życia.	*Z miłością przyjmuję i obejmuję moje doświadczenia. Jest to łatwe i radosne.*
Reumatoidalne zapalenie stawów	Głębokie zwątpienie w autorytety. Poczucie bycia terroryzowanym.	*Jestem autorytetem dla samego siebie. Kocham i aprobuję siebie. Życie jest dobre.*
Reumatyzm	Poczucie bycia ofiarą. Brak miłości. Chroniczna zgorzkniałość. Uraza.	*Tworzę moje własne doświadczenia. Skoro kocham i aprobuję siebie i innych, moje doświadczenia są coraz lepsze.*

Rogówki, zapalenie	Ekstremalna złość. Chęć uderzenia kogoś lub czegoś w zasięgu wzroku.	*Pozwalam, aby miłość w moim sercu uleczyła wszystko, co widzę wokół. Pragnę pokoju. Wszystko w moim życiu jest dobre.*
Ropień okołomigdałkowy	Silne przekonanie o niemożności wypowiedzenia siebie i wyrażenia swoich potrzeb.	*Zaspokajanie potrzeb jest moim naturalnym prawem. Wyrażam je z przyjemnością i łatwością.*
Ropowice	Złość wskutek niemożności podjęcia decyzji. Ludzie bez wyrazu.	*Aprobuję siebie i moje decyzje są zawsze dla mnie doskonałe.*
Rozedma	Lęk przed uczestniczeniem w życiu. Nie zasługuję na to, by żyć.	*Moim podstawowym prawem jest żyć swobodnie i pełnią życia. Kocham życie. Kocham siebie.*
Rozstępy skórne	Pozostawanie w bolesnych przeżyciach wczesnego dzieciństwa. Trzymanie się urazów z przeszłości. Trudności z dokonaniem kroku w przyszłość. Obawa przed wybraniem własnej drogi.	*Wybaczam każdemu. Wybaczam sobie. Wybaczam wszystkie minione doświadczenia. Jestem wolny.*

Równowaga, zaburzenia	Rozproszone myśli. Wewnętrzne rozchwianie.	*Skupiam się w poczuciu bezpieczeństwa i akceptuję doskonałość mojego życia. Wszystko idzie dobrze.*
Rumień, wysypka	Podenerwowanie z powodu opóźnień. Dziecinny sposób ściągania na siebie uwagi.	*Kocham i aprobuję siebie. Jestem w zgodzie z procesem życia.*
Rwa kulszowa (Ischias)	Obłuda, dwulicowość. Obawa o pieniądze i o przyszłość.	*Ruszam ku swemu najlepszemu dobru. Jest ono wszędzie, a ja czuję się pewnie i bezpiecznie.*
Senność	Niemożność radzenia sobie. Ogromny lęk. Chęć ucieczki od wszystkiego. „Nie chcę tu być".	*Zdaję się na Boską Mądrość i jej przewodnictwo, które chroni mnie zawsze. Jestem bezpieczny.*
Serce	Jest wyobrażeniem ośrodka miłości i bezpieczeństwa. (Patrz: Krew)	*Moje serce pracuje zgodnie z rytmem miłości.*
– zaburzenia pracy	Długotrwałe kłopoty emocjonalne. Brak radości. Znieczulenie serca. Wiara w potrzebę napięcia i wysiłku.	*Radość, radość, radość. Z miłością pozwalam przepływać radości przez mój umysł, ciało oraz doznania.*

— zawał	Wyciskanie z serca całej radości na rzecz pieniędzy lub stanowiska.	*Przywracam radości centralne miejsce w moim sercu. Obdarzam miłością wszystkich.*
Siwienie	Stres. Przekonanie, że podlega się presji i przeciążeniu.	*Jestem spokojny i czuję się dobrze w każdej dziedzinie swego życia. Jestem silny i zdolny.*
Skolioza	Patrz: Garbienie się.	
Skóra	Chroni naszą indywidualnoć. Organ czuciowy.	*Bycie sobą jest bezpieczne.*
— choroby	Niepokój, lęk. Stare, pogrzebane rany. „Czuję się zagrożony".	*Czule chronię siebie myślami radości i spokoju. Przeszłość jest wybaczona i zapomniana. Jestem wolny w tej chwili.*
— stwardnienia	Skostniałe poglądy i sposób myślenia. Stężały lęk.	*Bezpiecznie jest dostrzegać nowe idee i dowiadczać nowych dróg. Jestem otwarty na przyjęcie dobra.*

Skurcze	Napięcie. Lęk. Chęć wywarcia wrażenia, trzymanie się.	*Odprężam się i pozwalam umysłowi zaznać spokoju.*
Spojówki, zapalenie	Złość i frustracja wynikające z tego, na co patrzycie w życiu.	*Patrzę oczyma miłości. Istnieje harmonijne rozwiązanie, które akceptuję.*
Srom	Symbolizuje wrażliwość na zranienie.	*Bezpiecznie jest być wrażliwym.*
Starość	Powrót do bezpieczeństwa z czasów dzieciństwa. Domaganie się opieki i uwagi. Sposób kontrolowania innych wokół siebie. Eskapizm.	*Boska opieka. Pewność. Spokój. Mądrość Wszechświata działa na każdym poziomie życia.*
Stawy	Symbolizują zmiany kierunku w życiu oraz łatwość poddawania się tym zmianom.	*Z łatwością poddaję się zmianie. Moim życiem kieruje Opatrzność i zawsze idę w dobrym kierunku.*
— skokowy	Brak elastyczności i poczucie winy. Stawy skokowe symbolizują zdolność do przyjmowania przyjemności.	*Zasługuję na to, by cieszyć się życiem. Akceptuję wszystkie przyjemności, jakie niesie ze sobą życie.*
— zapalenie kaletki maziowej	Tłumiona złość. Chęć uderzenia kogoś.	*Miłość odpręża i uwalnia od wszystkiego, co nią nie jest.*

Stłuczenia (sińce)	Drobne zderzenia w życiu. Wymierzanie sobie kary.	*Kocham i pielęgnuję siebie. Jestem dla siebie dobry i łagodny. Wszystko idzie dobrze.*
Stopy	Symbolizują nasze rozumienie — nas samych, życia, innych.	*Moje rozumienie jest jasne i wyraźne. Chcę zmieniać się wraz z upływem czasu. Jestem bezpieczny.*
— choroby stóp	Lęk przed przyszłością oraz obawa, że nie zrobi się w życiu kroku naprzód.	*Poruszam się w życiu naprzód z radością i łatwością.*
Stwardnienie rozsiane (Sclerosis Multiplex)	Umysłowe stwardnienie, twarda bezduszność, żelazna wola, nieelastyczność. Lęk.	*Wybierając czułe i radosne myśli, tworzę kochający, radosny świat. Jestem bezpieczny i wolny.*
Swędzenie	Życzenia przeciwne własnemu usposobieniu. Brak satysfakcji. Wyrzuty sumienia. Chęć, by wydostać się lub odejść.	*Spokojnie przyjmuję sytuację, w jakiej jestem. Akceptuję moje dobro wiedząc, że wszystkie moje potrzeby i pragnienia będą spełnione.*
Syfilis	Patrz: Weneryczne choroby.	*Decyduję się być sobą.*

Szczęki, kłopoty z	Złość, uraza, żądza odwetu.	*Chcę zmienić ten wzorzec we mnie, który spowodował tę sytuację. Kocham i akceptuję siebie. Jestem bezpieczny.*
Szczękościsk	Złość, żądza władzy. Odmowa wyrażania uczuć.	*Zawierzam procesowi życia. Z łatwością proszę o to, czego chcę. Życie mnie wspiera.*
Sztywność karku	Nieugięty upór.	*Bezpiecznie jest poznawać inne punkty widzenia.*
Sztywność mięśniowa	Nieustępliwe, sztywne myślenie.	*Czuję się wystarczająco bezpieczny, by zachować elastyczność myślenia.*
Szyja	Symbolizuje elastyczność. Zdolność dostrzegania tego, co jest z drugiej strony.	*Jestem w zgodzie z życiem.*
— schorzenia	Odmowa widzenia drugiej strony medalu. Upór, usztywnienie.	*Dzięki elastyczności z łatwością dostrzegam wszystkie strony zagadnienia. Jest nieskończona ilość możliwości widzenia i robienia wszystkiego. Jestem bezpieczny.*

Śledziona	Obsesje. Poddanie się obsesjom dotyczącym rzeczy.	*Kocham i aprobuję siebie. Ufam, że proces życia jest dla mnie sprzyjający. Jestem bezpieczny. Wszystko dzieje się dobrze.*
Śpiączka	Lęk. Ucieczka przed czymś lub przed kimś.	*Otaczamy cię atmosferą bezpieczeństwa i miłości. Tworzymy przestrzeń dla twojego uzdrowienia. Jesteś miłością.*
Świerzb	„Zakażone" myślenie. Zgoda na to, aby inni załazili nam za skórę.	*Jestem żywym, kochającym, radosnym przejawem życia. Jestem sobą.*
Tarczyca	Upokorzenie. Nigdy nie robię tego, co chciałbym zrobić. Kiedy będzie moja kolej?	*Przechodzę nad starymi ograniczeniami i teraz pozwalam sobie na swobodne i twórcze wyrażanie siebie.*
— nadczynność	Ogromne rozczarowanie, że nie jest możliwe robienie tego, na co ma się chęć. Zawsze dla innych, nigdy dla siebie.	*Moja moc decydowania powraca na właściwe jej miejsce. To ja podejmuję swoje decyzje. Ja realizuję siebie.*

Tasiemczyca	Silne przekonanie, że jest się ofiarą i kimś nieczystym. Bezradność w stosunku do widocznego nastawienia innych.	*Nastawienie innych jest tylko odzwierciedleniem moich dobrych odczuć na swój temat. Kocham i aprobuję siebie całego takim, jakim jestem.*
Tętnice	Są nośnikiem radości życia.	*Jestem przepełniony radością. Przepływa ona przeze mnie z każdym uderzeniem serca.*
Tężec	Potrzeba oddalenia złych, skażonych myśli.	*Pozwalam miłości wypływającej z mojego serca na obmycie mnie i oczyszczenie oraz na uzdrowienie każdej części mojego ciała i moich uczuć.*
Toczeń	Rezygnacja. Lepiej umrzeć niż stanąć w obronie swojego „ja". Złość i karanie siebie.	*Wypowiadam się w swoich sprawach swobodnie i łatwo. Mam władzę nad sobą. Kocham i akceptuję siebie. Jestem wolny i bezpieczny.*
Trąd	Niemożność pokierowania swoim życiem w ogóle. Długotrwałe przekonanie, że jest się „nie dość dobrym" lub „czystym".	*Wznoszę się ponad wszelkie ograniczenia. Prowadzi mnie i inspiruje Boska Opatrzność. Miłość leczy całe życie.*

Trądzik	Brak akceptacji siebie. Nielubienie siebie.	*Jestem boskim przejawem życia. Kocham i akceptuję siebie tu i teraz.*
Trzustka	Symbolizuje słodycz życia.	*Moje życie jest słodkie.*
— zapalenie	Odrzucenie. Złość i frustracja, bo życie straciło swoją słodycz.	*Kocham i aprobuję siebie. Sam tworzę słodycz i radość w moim życiu.*
Twardzina skóry (sklerodermia)	Poczucie braku bezpieczeństwa i niepewność. Poczucie podenerwowania i zagrożenia. Tworzenie sobie ochrony.	*Opatrzność zawsze wspiera mnie i chroni. Wszystko, co robię, jest właściwe i przynosi mi miłość, którą przyjmuję z radością i przyjemnością.*
Twarz	Symbolizuje to, co pokazujemy światu.	*Bezpiecznie jest być sobą. Daję wyraz temu, kim jestem.*
Udar mózgu	Poddanie się. Opór. „Raczej umrę, niż się zmienię". Rezygnacja z życia.	*Życie jest zmianą i łatwo przystosowuję się do tego, co nowe. Akceptuję życie — przeszłość, teraźniejszość i przyszłość.*

Upławy	Przekonanie o bezsilności kobiet w stosunku do płci przeciwnej. Złość na partnera.	To ja powoduję wszystko, co mnie w życiu spotyka. Ja mam taką moc. Cieszę się swoją kobiecością. Jestem wolna.
Uraz okołoporodowy	Przeznaczenie — doświadczenie karmiczne. Dokonaliście karmicznie wyboru przyjścia na świat w ten sposób. Sami wybieramy naszych rodziców.	Każde doświadczenie jest potrzebne dla naszego procesu rozwoju. Jestem pogodzony ze swoją sytuacją.
Usta	Symbolizują przyjmowanie nowych idei i pożywienia.	Odżywiam się miłością.
— opadające kąciki	Opadające kąciki ust i obwisłe mięśnie twarzy powstają wskutek myśli. Pretensje do życia.	Wyrażam radość życia i pozwalam sobie cieszyć się każdą chwilą dnia. Staję się znowu młody.
— schorzenia	Ustalone przekonania. Zamknięty umysł. Niezdolność do przyjmowania nowych idei.	Witam nowe idee i koncepcje. Przygotowuję je do przemyślenia i przyswojenia.

Uszy	Symbolizują zdolność słyszenia.	*Słucham z miłością.*
— bóle	Złość. Niechęć słuchania. Zbyt wielki zgiełk. Kłócący się rodzice.	*Wokół mnie panuje harmonia. Słucham z miłością tego, co przyjemne i dobre. Jestem ośrodkiem miłości.*
— zaburzenia słuchu	Odmowa słuchania. Niesłuchanie wewnętrznego głosu. Upór.	*Wierzę swojemu Wyższemu Ja. Słucham z miłością mego wewnętrznego głosu. Odrzucam wszystko, co nie jest działaniem miłości.*
Wągry	Uczucie, że jest się nieczystym i niekochanym.	*Kocham i akceptuję siebie. Kocham i jestem godny miłości.*
Wątroba	Siedlisko złości i niższych uczuć.	*Wiem, co to miłość, pokój i radość.*
– choroby wątroby	Chroniczne narzekanie. Oszukiwanie samego siebie przez wynajdywanie wad. Poczucie, że jest się kimś złym.	*Chcę przyjmować życie otwartą przestrzenią mojego serca. Szukam miłości i znajduję ją wszędzie.*

– zapalenie	Opieranie się zmianom. Lęk, złość, nienawiść. Wątroba jest siedliskiem gniewu i wściekłości.	*Mój umysł jest oczyszczony i wolny. Zostawiam przeszłość i kieruję się ku nowemu. Wszystko dzieje się dobrze.*
Weneryczne choroby	Poczucie winy na tle seksualnym, zasługiwania na karę. Przekonanie, że narządy płciowe są grzeszne lub nieczyste. Napastowanie innych.	*Z miłością i radością akceptuję swoją seksualność i sposób jej wyrażania się. Akceptuję tylko wspierające mnie dobre myśli.*
Wieńcowa choroba, zakrzepica	Poczucie samotności i przerażenia. „Czuję, że nie jestem dość dobry. Nie robię tyle, ile trzeba. Nigdy tego nie dokonam".	*Stanowię jedność z całym życiem. Wszechświat wspiera mnie we wszystkim. Wszędzie jest dobro.*
Włókniaki	Silne przekonanie, że życie działa na moją niekorzyść. „Jaki jestem biedny".	*Życie mnie kocha i ja je kocham. Pragnę przyjąć życie w całej jego pełni.*
Wole tarczycy	Nienawiść z powodu narzucania się kogoś. Poczucie, że jest się ofiarą, że życie się nie powiodło. Niespełnienie.	*Ja jestem władzą i autorytetem w moim życiu. Wolno mi być sobą.*

Wrzody, ropnie	Rozpamiętywanie doznanej urazy i lekceważenia oraz myśli o zemście.	*Pozwalam moim myślom uwolnić się od rozpamiętywania przeszłości. Przeszłość minęła. Jestem spokojny.*
Wścieklizna	Złość. Przekonanie, że przemoc jest sposobem załatwiania spraw.	*Wokół mnie i we mnie panuje spokój.*
Wypadki	Niemożność wypowiedzenia swojego „ja". Bunt przeciw autorytetom. Wiara w przemoc.	*Odrzucam wzorzec, który to spowodował. Jestem spokojny. Jestem wartościowy.*
Wypryski (egzema)	Zapierający dech antagonizm. Wybuchy emocji.	*Harmonia i spokój, miłość i radość są wokół mnie i we mnie.*
Wyrostek robaczkowy, zapalenie	Lęk. Lęk przed życiem. Zamknięcie się na przepływ dobra.	*Jestem bezpieczny. Rozluźniam się i pozwalam radośnie płynąć życiu.*
Wyrostek sutkowaty, zapalenie	Złość i frustracja. Pragnienie niesłuchania tego, co się wokół dzieje. Zazwyczaj występuje u dzieci. Lęk porażający zdolność rozumienia.	*Boski spokój i harmonia otaczają mnie i są we mnie. Jestem oazą spokoju, miłości i radości. Wszystko w moim świecie jest dobre.*

Wzdęcia	Chęć wywarcia wrażenia. Lęk. Chaotyczne myśli.	*Odprężam się i pozwalam życiu przepływać przeze mnie z łatwością.*
Zapach ciała	Lęk. Nielubienie siebie. Obawa przed ludźmi.	*Kocham i akceptuję siebie. Jestem bezpieczny.*
Zapalenia	Złość i frustracja w związku z sytuacjami, przed jakimi stajemy w swoim własnym życiu.	*Chcę zmienić wszystkie wzorce wynikłe z postawy krytycznej. Kocham i aprobuję siebie.*
Zapalne stany	Lęk. Wpadanie we wściekłość. Zapalczywe myślenie.	*Moje myśli są spokojne, opanowane i skoncentrowane.*
Zaparcie	Wzbranianie się przed porzuceniem dawnych poglądów. Trzymanie się przeszłości. Czasami skąpstwo.	*Gdy uwalniam się od przeszłości, przychodzi to, co nowe, świeże i żywotne. Pozwalam życiu przepływać przeze mnie.*
Zatoki, schorzenia	Irytacja na jedną osobę, kogoś bliskiego.	*Na zawsze wprowadzam spokój i harmonię wewnątrz i wokół mnie. Wszystko jest dobre.*

Zatrzymywanie płynów	Co obawiacie się utracić?	Chętnie i z radością uwalniam się od tego, co zbędne.
Zęby	Reprezentują decyzje.	Podejmuję swoje decyzje w oparciu o zasady prawdy i czuję się bezpieczny wiedząc, że tylko właściwe działania mają miejsce w moim życiu.
— choroby	Długotrwałe niezdecydowanie. Niemożność przerwania toku myśli, by zanalizować je i podjąć decyzję.	
— ząb mądrości (niemożność wyrżnięcia)	Niepozwalanie sobie na stworzenie przestrzeni psychicznej w celu zbudowania trwałej podstawy swych działań.	Otwieram swoją świadomość na życiową ekspansję. Mam do dyspozycji ogromną przestrzeń, aby wzrastać i zmieniać się.
Zgaga	Lęk. Lęk. Lęk. Ustawiczny lęk.	Oddycham swobodnie, pełną piersią. Jestem bezpieczny. Ufam procesowi życia.
Zmęczenie	Opór, nuda. Brak serca do tego, co się robi.	Jestem entuzjastycznie nastawiony do życia, pełen energii i entuzjazmu.

Zwichnięcia	Złość i opór. Niechęć do wykonania w życiu ruchu w jakimś kierunku.	*Ufam, że proces życia przyniesie mi tylko to, co dla mnie najlepsze. Jestem spokojny.*
Żołądek	Odpowiada za utrzymanie przy życiu. Przetrawia idee.	*Trawię życie z łatwością.*
— choroby	Przerażenie. Obawa przed nowym. Niezdolność do asymilacji tego, co nowe.	*Życie jest w zgodzie ze mną. Przyswajam to, co nowe, w każdej chwili, każdego dnia. Wszystko dzieje się dobrze.*
— nieżyt	Przedłużająca się niepewność. Poczucie skazania przez los.	*Kocham i akceptuję siebie. Jestem bezpieczny.*
— skurcze	Lęki. Powstrzymywanie procesu życia.	*Ufam procesowi życia. Jestem bezpieczny.*
— wrzód	Lęk. Przekonanie, że nie jest się dość dobrym. Pragnienie przypodobania się.	*Kocham i akceptuję siebie. Jestem w zgodzie z samym sobą. Jestem wspaniały.*

Żółtaczka	Uprzedzenie w stosunku do siebie i innych. Nie wyważone racje.	*Darzę tolerancją, współczuciem i miłością wszystkich ludzi, z sobą włącznie.*
Żylaki	Trwanie w znienawidzonej sytuacji. Zniechęcenie. Poczucie przepracowania i nadmiernego obciążenia.	*Trwam w prawdzie. żyję i poruszam się z radością. Kocham życie, poruszam się swobodnie.*
Żyły, zapalenie	Złość i frustracja. Oskarżanie innych za ograniczenia i brak radości w życiu.	*Radość swobodnie przepływa przeze mnie i jestem w zgodzie z życiem.*

W bezkresie życia, w którym jestem,
wszystko jest doskonałe, całkowite i pełne.
Akceptuję doskonałe zdrowie jako naturalny stan mojego istnienia.
Świadomie uwalniam teraz wszelkie wzorce psychiczne we mnie,
które mogłyby wyrażać się w postaci jakiejkolwiek choroby.
Kocham i aprobuję siebie.
Kocham i aprobuję swoje ciało.
Zapewniam mu pożywne jedzenie i napoje.
Ćwiczę je w sposób dający radość.
Moje ciało jest cudownym i wspaniałym urządzeniem
i czuję się uprzywilejowany możnością bycia z nim.
Kocham energię.
Wszystko jest dobre w moim świecie.

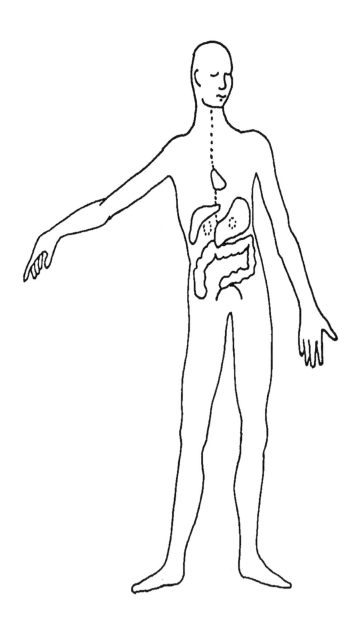

NOWE WZORCE MYŚLOWE

TWARZ (Trądzik) Kocham i akceptuję siebie tu i teraz. Jestem cudowny.

ZATOKI Stanowię jedność z całością życia. Nikt nie ma takiej mocy, by mnie rozzłościć, chyba, że na to pozwolę. Spokój, harmonia. Odrzucam przekonania narzucające rygory postępowania według „właściwej pory".

OCZY Jestem wolny. Patrzę w przyszłość swobodnie, ponieważ życie jest wieczne i wypełnione radością. Patrzę kochającymi oczami. Nikt nie może mnie zranić.

GARDŁO Mogę wypowiadać swoje zdanie. Wyrażam swobodnie swoje „ja". Jestem twórczy. Mówię z miłością.

PŁUCA Oddech życia z łatwością przepływa przeze mnie. (Zapalenie oskrzeli): Spokój. Nikt nie jest w stanie mnie rozdrażnić. (Astma): Wolno mi przejąć ster życia w swoje ręce.

SERCE Radość, miłość, pokój. Z radością akceptuję życie.

WĄTROBA Pozwalam odejść wszystkiemu, co nie jest mi już potrzebne. Moja świadomość jest już oczyszczona, a moje myśli są świeże, nowe i żywotne.

JELITO GRUBE Jestem wolny. Oddalam przeszłość. Życie z łatwością przepływa przeze mnie. (Hemoroidy): Odrzucam wszelkie naciski i ciężary. Żyję w radosnej teraźniejszości.

GENITALIA (Impotencja): Moc. Pozwalam, aby mój pełny potencjał seksualny przejawiał się z łatwością i radością. Serdecznie i radośnie akceptuję swoją płeć. Nie mam poczucia winy i nie zasługuję na karę.

KOLANA Wybaczenie, tolerancja, współczucie. Kroczę do przodu bez wahania.

SKÓRA Koncentruję uwagę na tym, co pozytywne. Jestem bezpieczny. Nikt nie zagraża mojej indywidualności. Jestem wypełniony pokojem. Świat jest bezpieczny i przyjazny. Odrzucam całą złość i urazę. Zawsze dostanę wszystko, cokolwiek mi będzie potrzebne. Akceptuję swoje dobro bez poczucia winy. Jestem w zgodzie ze wszystkimi drobnymi wydarzeniami w życiu.

PLECY Życie samo mnie wspiera. Ufam Wszechświatowi. Swobodnie obdarzam miłością i zaufaniem. (Dolna część kręgosłupa): Ufam Wszechświatowi. Jestem odważny i niezależny.

MÓZG Całe życie jest zmianą. Moje wzorce rozwoju są zawsze nowe.

GŁOWA Spokój, miłość, radość, odprężenie. Odprężam się w nurcie życia i pozwalam mu swobodnie płynąć przeze mnie.

USZY Słucham Boga. Słucham radości życia. Jestem częścią życia. Słucham z miłością.

USTA Jestem osobą zdecydowaną. Realizuję swoje pomysły. Witam nowe idee i koncepcje.

SZYJA Jestem elastyczny. Jestem przychylny innym punktom widzenia.

RAMIONA (Zapalenie kaletki maziowej): Uwalniam złość w nieszkodliwy sposób. Miłość uwalnia i odpręża. Życie jest radosne i wolne. Akceptuję wszystko, co jest dobre.

DŁONIE Do wszystkich idei podchodzę z miłością i spokojem.

PALCE Odprężam się wiedząc, że mądrość życia troszczy się o wszystkie sfery bytu.
ŻOŁĄDEK Z łatwością przyswajam nowe idee. Życie zgadza się ze mną i nic nie może wytrącić mnie z równowagi. Jestem spokojny.
NERKI Poszukuję wszędzie tylko dobra. Wykonuję właściwe działania. Mam poczucie spełnienia.
PĘCHERZ Oddalam to, co stare, i witam nowe.
MIEDNICA (Zapalenie pochwy): Formy i drogi miłości mogą ulec zmianie, lecz sama miłość nigdy nie zginie. (Menstruacja): Jestem zrównoważona we wszystkich zmianach cyklu. Błogosławię czule swoje ciało. Wszystkie jego części są piękne.
BIODRA Radośnie idę do przodu wspierany i podtrzymywany przez moc życia. Zmierzam ku mojemu większemu dobru. Jestem bezpieczny. (Artretyzm): Miłość. Wybaczenie. Pozwalam innym na bycie sobą, i sam jestem wolny.
MIGDAŁKI Jestem całkowicie zrównoważony. Mój system immunologiczny jest w dobrej formie. Kocham życie i poruszam się swobodnie.
STOPY Trwam w prawdzie. Idę naprzód radośnie. Mam duchowe nastawienie.

Nowe wzory myślenia (pozytywne afirmacje) mogą leczyć i odprężać twoje ciało.

Część 4

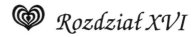 *Rozdział XVI*

Historia mojego życia

„Wszyscy jesteśmy jednością".

„Czy nie zechciałbyś opowiedzieć mi trochę o swoim dzieciństwie?" To pytanie zadawałam wielu moim pacjentom. Ale nie dlatego, że interesowały mnie wszystkie szczegóły. Chciałam się raczej dowiedzieć, gdzie lub w czym tkwi podstawowy problem, z którym do mnie przychodzą. Jeżeli bowiem mają kłopoty teraz, to wzorce, które je ukształtowały, powstały dawno temu.

Gdy byłam małym, półtorarocznym dzieckiem, przeżyłam rozwód rodziców. Ale nie wspominam tego jako czegoś okropnego. Przerażające wspomnienie natomiast wiąże się z tym, że matka podjęła pracę jako gosposia na stałe i musiała mnie oddać na wychowanie obcym ludziom. Z opowieści pamiętam, że płakałam bez przerwy trzy tygodnie. Ludzie opiekujący się mną nie mogli tego znieść i matka była zmuszona zabrać mnie od nich i ułożyć swoje sprawy inaczej. Jak tego dokonała, będąc jedyną moją opiekunką, wzbudza dzisiaj mój podziw. Ale wszystko, co odczuwałam i co wyłącznie mnie interesowało, to utrata troskliwej miłości, którą kiedyś mnie otaczano.

Nigdy właściwie nie potrafiłam stwierdzić, co skłoniło moją matkę do zawarcia ponownego małżeństwa: czy kochała mojego ojczyma, czy też wyszła za mąż, żeby stworzyć nam dom. Ale nie było to dobre rozwiązanie. Człowiek ten wychowywał się w Europie, w surowym niemieckim domu, w którym było wiele brutalności, i nigdy nie przyswoił sobie innego sposobu postępowania wobec rodziny. Matka zaszła w ciążę (spodziewała się drugiego dziecka – mojej siostry), a potem kryzys lat trzydziestych dotknął i nas. Znaleźliśmy się w domu, w którym panowała przemoc. Miałam wtedy pięć lat.

Do tego scenariusza można dodać jeszcze, że mniej więcej w tym samym czasie zostałam zgwałcona przez naszego sąsiada, starego opoja, o ile dobrze pamiętam. Wciąż jeszcze pamiętam, tak jakby to było wczoraj, badania lekarskie, jakim zostałam poddana, i proces sądowy, w którym byłam koronnym świadkiem. Skazano tego człowieka na piętnaście lat więzienia. Mnie zaś wielokrotnie powtarzano, że to była moja wina. W rezultacie przez wiele lat prześladował mnie strach, że po wyjściu z więzienia człowiek ten przyjdzie zemścić się na mnie za to, że byłam tak niedobra, iż wtrąciłam go do więzienia.

Przez większą część dzieciństwa byłam ofiarą przemocy fizycznej i seksualnej, a do tego jeszcze musiałam ciężko pracować. Moje wyobrażenie o sobie stawało się coraz gorsze i niewiele było rzeczy, które wydawały mi się sprzyjać. Ten wzorzec stał się moją wizytówką na zewnątrz.

Będąc w czwartej klasie przeżyłam następny incydent, jak sądzę, wówczas dla mnie typowy. Pewnego dnia odbywała się w szkole zabawa, podczas której częstowano ciastami. Większość dzieci pochodziła z dobrze sytuowanych rodzin zaliczanych do klasy średniej. Ja byłam wyjątkiem. Chodziłam biednie ubrana, miałam śmiesznie obcięte włosy „pod garnek", wysoko sznurowane buciki i śmierdziałam czosnkiem, który musiałam codziennie jeść, ponieważ „odstrasza robaki". Nigdy nie jedliśmy ciasta. Nie mogliśmy na nie sobie pozwolić. Mieszkająca w sąsiedztwie stara kobieta dawała mi co tydzień 10 centów, a na urodziny i na Boże Narodzenie dolara. Owe 10 centów pochłaniał rodzinny budżet, a za dolara kupowano mi bieliznę na cały rok w tanim sklepie.

A więc w dniu zabawy w szkole było tyle ciasta, że kiedy je krojono, dzieci, które z pewnością dostawały ciasto codziennie, mogły brać po kilka kawałków. Kiedy wreszcie nauczycielka podeszła z tacą do mnie (a ja oczywiście stałam na końcu) nie było już ciasta. Ani jednego kawałka.

Teraz jest dla mnie oczywiste, że to moja stuprocentowa pewność, iż nie byłam nic warta i po prostu na nic nie ZASŁUGIWAŁAM, sprawiła, iż znalazłam się na samym końcu kolejki, bez ciasta. To był *MÓJ* wzorzec. *ONI* byli tylko odbiciem moich przekonań.

Mając piętnaście lat nie mogłam już znieść wykorzystywania seksualnego i uciekłam z domu i ze szkoły. Znalazłam pracę jako kelnerka w niewielkim zajeździe i wydawała mi się ona o wiele łatwiejsza w porównaniu z ciężką pracą, jakiej wymagano ode mnie w domu.

Spragniona uczuć i miłości, mając jak najmniejsze poczucie własnej godności, chętnie oddawałam się każdemu, kto tylko był dla mnie miły, i wkrótce, po skończeniu szesnastego roku życia, urodziłam dziecko, dziewczynkę. Wydawało mi się, że nie będę mogła jej utrzymać. Udało mi się jednak znaleźć dla niej odpowiednich, kochających opiekunów – bezdzietne małżeństwo marzące o dziecku. Mieszkałam w ich domu przez cztery ostatnie miesiące ciąży, a kiedy poszłam do szpitala, urodzone dziecko zarejestrowałam na ich nazwisko.

W takich warunkach nigdy nie doznałam radości macierzyństwa a jedynie poczucia straty, winy i wstydu. Potem był tylko przykry okres przyjścia do siebie w możliwie najkrótszym czasie. Pamiętam tylko jej duże palce u nóg, zupełnie niepodobne do moich. Jeśli się kiedykolwiek spotkamy, z pewnością ją rozpoznam, gdy zobaczę jej stopy. Zostawiłam ją jako pięciodniowe dziecko.

Natychmiast wróciłam do domu i powiedziałam do matki, która wciąż była ofiarą swojego męża: „Chodź, nie musisz już tego dłużej znosić. Zabieram cię stąd". Poszła ze mną, zostawiając moją dziesięcioletnią siostrę z jej ojcem, dla którego była zawsze ukochanym dzieckiem.

Pomogłam matce znaleźć pracę w charakterze pomocy w małym hotelu i załatwiłam jej mieszkanie, w którym mogła czuć się wreszcie swobodnie. Wtedy uznałam, że spełniłam swój obowiązek. Wyjechałam z przyjaciółką na miesiąc do Chicago i nie wróciłam przez ponad trzydzieści lat.

W początkowym okresie przemoc, której doświadczałam w dzieciństwie, w połączeniu z poczuciem bezwartościowości, jakie rozwijało się we mnie w miarę upływu czasu, przyciągały do mnie mężczyzn, którzy źle mnie traktowali i często bili. Mogłabym spędzić resztę życia wymyślając mężczyznom i prawdopodobnie doświadczać tych samych złych przeżyć. Stopniowo jednak, dzięki pozytywnym doświadczeniom w pracy, moja samoocena poprawiała się i mężczyźni tego pokroju zaczęli znikać z mojego życia. Nie mogli już odnaleźć mojego dawnego wzorca, podświadomie zakodowanego przekonania, że zasługuję na grubiaństwo. Nie rozgrzeszam ich postępowania, ale gdyby nie istniał we mnie ów „wzorzec", nie przyciągałabym ich do siebie. Teraz mężczyźni, którzy zachowują się grubiańsko wobec kobiet, nawet nie wiedzą o moim istnieniu. Nasze wzorce już się wzajemnie nie przyciągają.

Po kilku latach wykonywania podrzędnych prac w Chicago przeniosłam się do Nowego Jorku, gdzie udało mi się dostać do grona wziętych modelek. Ale nawet praca modelki dla wielkich projektantów nie poprawiła w istotny sposób mojej samooceny. Dała mi tylko jeszcze więcej możliwości odkrycia swoich wad. Nie chciałam uznać swojej urody.

W przemyśle odzieżowym pracowałam przez wiele lat. Poznałam i poślubiłam wspaniałego człowieka, wykształconego angielskiego dżentelmena. Podróżowaliśmy po świecie, spotykaliśmy koronowane głowy, a nawet zostaliśmy zaproszeni na kolację do Białego Domu. Chociaż byłam modelką i żoną wspaniałego człowieka, moja ocena samej siebie wciąż pozostawała niska, dopóki w kilka lat później nie zaczęłam nad sobą pracować.

Po czternastu latach małżeństwa mój mąż powiedział mi pewnego dnia, że marzy o poślubieniu innej – akurat wtedy, gdy zaczynałam wierzyć, że to, co dobre, może być trwałe. Tak, byłam zdruzgotana. Lecz czas mijał, a ja żyłam dalej. Czułam, że coś zmienia się w moim życiu, i pewnego dnia osoba zajmująca się znaczeniem liczb potwierdziła to zapowiadając, że jesienią pewne niewielkie zdarzenie odmieni moje życie.

Było ono faktycznie tak drobne, że dostrzegłam je dopiero po kilku miesiącach. Przypadkowo poszłam na spotkanie Kościoła Religious Science w Nowym Jorku. Aczkolwiek to, co usłyszałam, było dla mnie czymś nowym, jakiś głos wewnętrzny powiedział mi: „Posłuchaj!" I posłuchałam. Zaczęłam chodzić nie tylko na nabożeństwa niedzielne, ale także na cotygodniowe wykłady. Uroda i świat mody powoli przestawały mnie interesować. Przez ile lat można skupiać zainteresowanie na wymiarze swojej talii i kształcie brwi? Z osoby, która przerwała naukę w szkole i nigdy nie przykładała się do zgłębiania wiedzy, zmieniłam się w pilną studentkę zachłannie pożerającą wszelkie książki na temat metafizyki i uzdrawiania, które wpadły mi w ręce.

Kościół Religious Science stał się dla mnie nowym domem. Chociaż moje życie toczyło się nadal utartym torem, zgłębianie tej nowej dziedziny wiedzy zajmowało mi coraz więcej czasu. Trzy lata później dowiedziałam się, że mogę ubiegać się o kościelną licencję terapeuty. Przeszłam pomyślnie testy i oto od czego zaczynałam wiele lat temu: jako pracownik poradni kościelnej.

Były to skromne początki. W tym czasie zajęłam się medytacją transcendentalną. Mój Kościół nie wznawiał w następnym roku kursów przygotowawczych dla duszpasterzy, więc postanowiłam zrobić coś wyłącznie dla siebie. Zapisałam się na semestralny kurs Międzynarodowego Uniwersytetu Maharishiego w Fairfield, Iowa.

Było to dla mnie wówczas idealne miejsce. Jako studenci pierwszego roku, w każdy poniedziałek rozpoczynaliśmy nowy temat – z dziedzin znanych mi dotąd ze słyszenia, takich jak biologia, chemia, a nawet teoria względności. W soboty rano zdawaliśmy egzamin. Niedziela była dniem wolnym od zajęć, a w poniedziałek zaczynaliśmy od początku.

Nie rozpraszały mnie tu sprawy tak typowe dla mojego życia w Nowym Jorku. Po obiedzie udawaliśmy się do swoich pokoi na naukę indywidualną. Byłam najstarszym studentem w całym miasteczku akademickim i cieszyłam się każdą spędzoną tam chwilą. Nie wolno było palić papierosów, pić alkoholu i zażywać narkotyków. Natomiast cztery razy dziennie odbywaliśmy medytacje. Wyjeżdżając stamtąd, myślałam, że zemdleję od dymu papierosowego na lotnisku.

Powróciwszy do Nowego Jorku postanowiłam kontynuować swoją poprzednią drogę życiową. Wkrótce rozpoczęłam zajęcia na kursie duszpasterskim. Stałam się bardzo czynna w Kościele oraz jego działalności społecznej. Zaczęłam przyjmować pacjentów i przemawiać na południowych spotkaniach z chorymi. Wkrótce stało się to moim głównym zajęciem i źródłem utrzymania. Praca ta zainspirowała mnie do napisania niewielkiej książeczki „Ulecz swoje ciało", a jej początkiem była po prostu lista metafizycznych przyczyn chorób somatycznych. Zaczęłam wygłaszać prelekcje, podróżować, prowadzić szkolenia.

Pewnego dnia dowiedziałam się, że jestem chora na raka. Biorąc pod uwagę moje przeszłe doświadczenia – to, że zostałam zgwałcona w wieku pięciu lat oraz jak byłam poniewierana w dzieciństwie – nic dziwnego, iż guz rakowy został wykryty w okolicy pochwy.

Jak każdy, kto dowiaduje się, że jest chory na raka, wpadłam w panikę. Dzięki mojej pracy z pacjentami wiedziałam jednak, że leczenie mentalne przynosi efekty, i właśnie miałam okazję dowieść tego. W końcu przecież byłam autorką książki na temat wzorców myślowych i wiedziałam, że rak jest chorobą mającą przyczynę w głębokiej urazie, która tak długo jest w nas obecna, aż dosłownie zaczyna zżerać nasze ciało. Nie chciałam wyzbyć się złości i urazy do „nich" za moje dzieciństwo. Teraz nie było czasu do stracenia. Miałam przed sobą dużo pracy.

Określenie *NIEULECZALNY*, które przeraża tak wielu ludzi, dla mnie znaczy tyle, iż danej choroby nie da się wyleczyć metodami zewnętrznymi i że trzeba sięgnąć do wnętrza człowieka, aby znaleźć sposób leczenia. Gdybym poddała się operacji w celu usunięcia raka, nie dokonując przy tym oczyszczenia „wzorca" myślowego, który go spowodował, lekarze kroiliby Louisę tak długo, aż by z niej nic nie zostało. Nie podobał mi się ten pomysł.

Jeśli rak lub inna choroba powraca, to, jak sądzę, nie dlatego, że „nie usunięto wszystkiego, co trzeba", lecz raczej dlatego, że pacjent nie zmienił się psychicznie. Wywołuje więc u siebie ponownie tę samą chorobę, być może tylko w innej części ciała.

Wierzyłam ponadto, iż gdybym oczyściła swój wzorzec myślenia odpowiedzialny za powstanie raka, być może operacja okazałaby się zbyteczna. Wytargowałam trochę czasu mówiąc lekarzom, że nie mam teraz pieniędzy, i niechętnie zgodzili się na odłożenie operacji o trzy miesiące.

Natychmiast zajęłam się sprawą mojego uzdrowienia. Przeczytałam i zbadałam wszystko, co mogłam znaleźć na temat alternatywnych metod wspomagania procesu leczenia.

Odwiedziłam wiele sklepów ze zdrową żywnością i kupiłam każdą książkę traktującą o raku. Chodziłam do biblioteki i dużo czytałam. Szukałam czegoś o masażu receptorów stóp i terapii okrężnicy sądząc, że mogą być dla mnie przydatne. Po przeczytaniu książki o receptorach stóp zaczęłam szukać terapeuty. Poszłam na wykład i choć zazwyczaj siadam w pierwszym rzędzie, tego wieczoru coś kazało mi usiąść gdzieś z tyłu. Po upływie minuty przyszedł jakiś mężczyzna, usiadł koło mnie i zgadnijcie, kim był? Był to terapeuta od masażu stóp, który odwiedzał pacjentów w domu. Przychodził do mnie trzy razy w tygodniu przez dwa miesiące i jego masaże bardzo mi pomogły.

Wiedziałam również, iż powinnam okazać samej sobie o wiele więcej uczucia niż dotychczas. W dzieciństwie doznałam niewiele miłości i nikt nie postarał się o wyrobienie we mnie dobrego stosunku do samej siebie. Przejęłam od otoczenia zwyczaj ciągłego wytykania sobie błędów, krytykowania siebie i stało się to moją drugą naturą. Dzięki pracy w Kościele uzmysłowiłam sobie, że jest rzeczą normalną, a nawet pożądaną, kochać i akceptować siebie. A jednak ciągle odkładałam tę sprawę na później, tak jak dietę, którą zawsze chce się zacząć jutro. Ale teraz nie mogłam tego już odkładać. Początkowo bardzo trudno przychodziło mi stawanie przed lustrem i mówienie czegoś w rodzaju: „Louiso, kocham cię. Naprawdę cię kocham". Jednakże, gdy z uporem kontynuowałam ćwiczenia, zauważyłam kilkakrotnie, że w sytuacjach, w których dawniej zaczęłabym robić sobie wymówki, obecnie, dzięki pracy przed lustrem i innym ćwiczeniom, zaprzestałam tego. Czyniłam postępy.

Wiedziałam, że muszę oczyścić swój wzorzec myślenia z uraz, jakie tkwiły we mnie od czasów dzieciństwa. Odpuszczenie win było dla mnie koniecznością.

Tak, moje dzieciństwo było rzeczywiście trudne – doznałam bardzo złego traktowania pod względem psychicznym, fizycznym i seksualnym. Ale miało to miejsce dawno temu i nie było obecnie żadnego powodu, dla którego miałabym samą siebie źle traktować. Wraz z rozwojem raka dosłownie zjadałam swoje ciało, bo nie mogłam wybaczyć przeszłości. Nadszedł czas, aby zdobyć się na dystans do tych wydarzeń i zacząć *ROZUMIEĆ*, jakiego rodzaju doświadczenia kształtują ludzi, którzy w ten sposób traktują dziecko.

Z pomocą dobrego terapeuty wyrzuciłam z siebie całą zapiekłą złość tłukąc w poduszki i wyjąc z wściekłości. To sprawiło, że poczułam się czyściejsza. Następnie starałam się złożyć w całość zapamiętane urywki opowieści rodziców o ich dzieciństwie. Zaczęłam dostrzegać ich życie w szerszym planie. Coraz więcej rozumiejąc i patrząc z punktu widzenia osoby dorosłej, zaczęłam im współczuć w ich bólu, a moje oskarżenia powoli zaczynały znikać.

Oprócz tego poszukiwałam jakiegoś dobrego specjalisty od spraw żywienia, który pomógłby mi oczyścić i odtruć organizm zatruty niezdrowymi pokarmami spożywanymi przez wiele lat. Dowiedziałam się, że niezdrowa żywność odkłada w organizmie toksyny i zatruwa ciało. Niezdrowe myśli też się kumulują i powodują zatrucie umysłu. Otrzymałam dokładne zalecenia dietetyczne, w których dominowały warzywa i zielenina. W pierwszym miesiącu stosowałam nawet 3 razy w tygodniu lewatywę.

Nie poddałam się jednak operacji – po 6 miesiącach pracy nad gruntownym oczyszczeniem ciała i umysłu mogłam otrzymać orzeczenie lekarskie, które było zgodne z tym, co już wiedziałam – że nie ma już nawet śladu raka! Wiedziałam teraz z własnego doświadczenia, że *CHOROBA MOŻE BYĆ ULECZONA, JEŚLI BARDZO CHCEMY ZMIENIĆ SWÓJ SPOSÓB MYŚLENIA, DZIAŁANIA ORAZ NASZE PRZEKONANIA!*

Czasem to, co wydaje się wielką tragedią, może odwrócić się i stać się największym dobrem w naszym życiu. Tak wiele nauczyłam się z tego doświadczenia, że zaczęłam w nowy sposób oceniać wartość życia. Zaczęłam zwracać uwagę na to, co jest dla mnie naprawdę ważne, i ostatecznie zdecydowałam się wyjechać z Nowego Jorku, miasta, w którym nie ma drzew i panuje okropna pogoda. Niektórzy moi pacjenci zarzekali się, że umrą, jeżeli ich opuszczę, lecz ja zapewniłam ich, iż dwa razy w roku będę do nich wracać i sprawdzać ich postępy, a telefonicznie zawsze można się porozumieć. Tak więc zamknęłam swój interes i bez pośpiechu udałam się pociągiem w podróż do Kalifornii, wybierając na początek Los Angeles.

Choć urodziłam się tu wiele lat temu, prawie nie znałam już nikogo poza matką i siostrą. Obie mieszkały teraz na obrzeżach miasta, w odległości około godziny jazdy. Nigdy nie byłyśmy bliską sobie rodziną, ani też specjalnie otwartą. Mimo to byłam niemile zaskoczona wiadomością, iż matka od kilku lat przestała widzieć, lecz nikt nie zadał sobie trudu, aby mnie o tym powiadomić. Moja siostra była „zbyt zajęta", by móc się ze mną zobaczyć, więc dałam jej spokój i zaczęłam organizować sobie nowe życie.

Moja książka ULECZ SWOJE CIAŁO otworzyła mi wiele drzwi. Zaczęłam chodzić na wszystkie możliwe spotkania organizowane przez ruch „New Age". Przedstawiałam się i, jeśli sytuacja na to pozwalała, dawałam egzemplarz swojej książki. W ciągu pierwszych sześciu miesięcy często chodziłam na plażę, wiedząc, że gdy nadejdzie okres pracy, będę miała mniej czasu na odpoczynek. Powoli zaczęli zgłaszać się pacjenci. Proszono mnie o wystąpienie tu i ówdzie i sprawy powoli zaczęły się układać, w miarę jak Los Angeles mnie zaakceptowało. Po kilku latach mogłam wprowadzić się do pięknego domu.

Mój nowy sposób życia w Los Angeles był ogromnym skokiem w świadomości w porównaniu z moimi wcześniejszymi doświadczeniami. Sprawy układały się naprawdę bezproblemowo. Jak szybko nasze życie może się całkiem odmienić.

Pewnego wieczora zadzwoniła do mnie siostra, po raz pierwszy od dwóch lat. Powiedziała mi, że matka, wówczas 90-letnia kobieta, niewidoma i prawie głucha, przewróciła się i uszkodziła sobie kręgosłup. W jednej chwili z kobiety silnej i niezależnej zmieniła się w bezradne, obolałe dziecko.

Uszkodziła sobie kręgosłup, a jednocześnie zrobiła wyłom w murze skrytości, którym otoczyła się moja siostra. Wreszcie zaczęłyśmy się ze sobą porozumiewać. Odkryłam, że siostra ma również poważne kłopoty z kręgosłupem, który dokuczał jej w bardzo bolesny sposób podczas siedzenia i chodzenia. Cierpiała w milczeniu i choć wyglądała na chorą na anoreksję, jej mąż nie wiedział, że jest chora.

Po miesięcznym pobycie w szpitalu matka była gotowa wrócić do domu. Nie mogła jednak zostać bez opieki, a więc zamieszkała ze mną.

Mimo ufności w proces życia nie wiedziałam, jak sobie z tym wszystkim poradzić. Powiedziałam więc do Boga: „Dobrze, zaopiekuję się nią, ale Ty mi musisz pomóc i zapewnić pieniądze!"

To było prawdziwe dopasowywanie się nas obydwu. Przyjechała do mnie w sobotę, a w najbliższy piątek miałam pojechać do San Francisco na cztery dni. Nie mogłam zostawić jej samej, a musiałam pojechać. Powiedziałam: „Boże, załatw to. Muszę mieć odpowiednią osobę do pomocy, nim wyjadę".

W czwartek właściwa osoba „zjawiła się" i wprowadziła do nas, by poprowadzić dom mojej matce i mnie. Było to kolejnym potwierdzeniem jednego z moich podstawowych przekonań: „Cokolwiek muszę wiedzieć, jest mi objawione, a kiedykolwiek czegoś potrzebuję, dostaję to od Opatrzności we właściwym momencie".

Uzmysłowiłam sobie, że jest to jeszcze raz okres próby dla mnie. Oto miałam możliwość oczyszczenia się z wielu obciążeń dzieciństwa.

Matka nie była zdolna do zapewnienia mi opieki, gdy byłam dzieckiem, jednakże ja mogłam i chciałam się nią teraz opiekować. Rozpoczął się nowy okres życia z moją matką i siostrą.

Pomoc siostrze, o którą prosiła, była kolejnym wyzwaniem. Dowiedziałam się, że kiedy zabrałam wiele lat temu matkę, mój ojczym cały swój ból i nienawiść skierował na siostrę. I jej także przyszło doświadczyć jego brutalności.

Uzmysłowiłam sobie, że to, co początkowo było dolegliwością fizyczną, zostało następnie wyolbrzymione przez strach i napięcie, połączone z przekonaniem, że nikt nie może jej pomóc. I oto zjawiła się Louisa, nie zamierzająca występować w roli wybawiciela, a jednak pragnąca dać swojej siostrze możliwość wyboru dla siebie dobra na obecnym etapie jej życia.

Powoli zaczęło się rozplątywanie i trwa ono nadal. Posuwamy się do przodu krok po kroku – staram się zapewnić atmosferę bezpieczeństwa, a jednocześnie wykorzystywać różne alternatywne sposoby uzdrawiania.

Moja matka natomiast reaguje bardzo dobrze. Ćwiczy, jak tylko potrafi, cztery razy dziennie. Jej ciało staje się silniejsze i bardziej elastyczne. Zabrałam ją na badania, aby można było wspomóc jej słuch, i zaczęła się bardziej interesować życiem. Pomimo jej przekonań wynikających z przynależności do Kościoła Christian Science, namówiłam ją na operację usunięcia katarakty z jednego oka. Jaką radością dla niej było móc widzieć znowu, a dla nas oglądać świat jej oczyma. I jest taka zadowolona, że może znowu czytać.

Zaczęłyśmy wraz z matką znajdować czas na wspólne rozmowy, jakich nigdy przedtem nie prowadziłyśmy. Wytworzyło się między nami nowe zrozumienie. Dzisiaj obie czujemy się swobodniejsze płacząc, śmiejąc się i biorąc się w objęcia. Czasami dotyka moich delikatnych spraw, co jest dla mnie sygnałem, że są jeszcze kolejne sprawy do „wyczyszczenia".

Prowadzę swoją pracę na coraz większą skalę. Liczba personelu powiększyła się pod kierownictwem Charlie'ego Gehrke. Mamy teraz ośrodek prowadzący zajęcia sesyjne i pobytowe.

Tak oto przedstawia się moje życie teraz, jesienią 1984 roku.

W nieskończoności życia, w której jestem,
wszystko jest doskonałe, całkowite i pełne.
Każdy z nas, ze mną włącznie,
doświadcza bogactwa i pełni życia
w sposób dla niego znaczący.
Patrzę teraz na przeszłość z miłością
i chcę czerpać naukę z moich dawnych doświadczeń.
Nie ma w nich niczego właściwego lub niewłaściwego,
dobrego lub złego.
Przeszłość minęła, dokonała się.
Istnieje tylko doświadczenie chwili.
Kocham siebie za to, że potrafię przejść
przez te doświadczenia przeszłości
do tej obecnej chwili.
Dzielę się tym, kim stałem się dzięki tej drodze,
bo wiem, że wszyscy jesteśmy duchową jednością.
Wszystko jest dobre w moim świecie.

W samej głębi mego bytu

jest nieskończone źródło miłości. Pozwalam teraz wypłynąć jej na powierzchnię. Napełnia moje serce, moje ciało, mój umysł, moją świadomość, całą moją istotę. Promieniuje ze mnie we wszystkie strony i powraca do mnie zwielokrotniona. Im więcej korzystam ze źródła i daję miłość, tym więcej jej mam do dania, bo jest ono niewyczerpane. Korzystanie z tego źródła sprawia, że czuję się dobrze; jest wyrazem mojej wewnętrznej radości. Kocham siebie, więc otaczam swoje ciało pełną miłości troską. Z miłością odżywiam je, starannie dobierając pokarmy i napoje. Z miłością pielęgnuję je i ubieram. Ono zaś z miłością odpowiada, tryskając zdrowiem i energią. Kocham siebie, więc zapewniam sobie wygodnie urządzony dom, który zaspokaja wszystkie moje potrzeby i w którym przyjemnie jest przebywać. Wypełniam jego pokoje miłością, aby wszyscy, którzy się w nich znajdą, łącznie ze mną, czuli tę miłość i czerpali z niej. Kocham siebie, więc wykonuję pracę, która daje mi prawdziwą radość. Pracę, pozwalającą mi na wykorzystanie moich twórczych uzdolnień i talentów. Pracuję z ludźmi i dla ludzi, których kocham i którzy mnie kochają, to zapewnia mi też dobre dochody. Kocham siebie, dlatego traktuję wszystkich i myślę o wszystkich z miłością; i wiem, iż to co daję innym, wraca do mnie zwielokrotnione. W orbitę mojego świata przyciągam tylko ludzi pełnych miłości, gdyż są oni lustrzanym odbiciem tego, co jest we mnie. Kocham siebie, więc żyję całkowicie teraźniejszością, doświadczając każdej chwili jako dobrej i wiedząc, że przyszłość jest pogodna, radosna i bezpieczna; jestem bowiem ukochanym dzieckiem Wszechświata, który troszczy się o mnie czule teraz i zawsze. I tak też jest.

Zalecenia holistycznego leczenia

Ciało

Pożywienie

Dieta, sposoby łączenia żywności, makrobiotyka, zioła, witaminy, krople Bacha, homeopatia.

Ćwiczenia

Joga, batut, spacery, taniec, jazda na rowerze, tai–chi, sztuki walki, pływanie, sport etc.

Terapie alternatywne

Akupunktura, akupresura, terapia okrężnicy, refleksologia, chromoterapia, masaże ciała i praca z ciałem.

Metoda Alexandra, bioenergoterapia, dotyk dla zdrowia, Metoda Feldenkraisa, rolfing, polarity, terapia Tragea, Reiki.

Techniki relaksacyjne

Systematyczna desensibilizacja, głębokie oddychanie, sauna, wodolecznictwo, muzyka.

Umysł

Afirmacje, wizualizacja, ukierunkowana wyobraźnia, medytacje, ćwiczenie:,,Kochanie siebie''.

Techniki psychologiczne

Terapia Gestalt, hipnoza, koncentracja, Analiza Transakcyjna, rebirthing, praca ze snami, psychodrama, regresja, psychoterapia Junga, psychoterapia humanistyczna, astrologia, terapia przez sztukę.

Terapia grupowa

Wgląd, treningi związków miłości, program 12-kroków, rebirthing.

Duchowość

Modlitwa

Proszenie o to, czego się pragnie, wybaczanie, otwartość na Ducha Bożego, akceptacja, poddanie się.

Praca duchowa

W formalnych i nieformalnych stowarzyszeniach.

Od dawna byłam przekonana, że „wszystko, co mam wiedzieć, jest mi objawiane". „Wszystko, czego potrzebuję, przychodzi do mnie". „Wszystko jest w moim życiu dobre". Nie jest to nowa wiedza. Wszystko jest odwieczne i nieskończone. W książce tej z radością i przyjemnością zebrałam tylko tę mądrość i wiedzę, by skorzystali z nich ci, którzy szukają drogi uzdrowienia. Dedykuję tę pracę wszystkim, którzy nauczyli mnie tego, co wiem: moim pacjentom, moim przyjaciołom, moim nauczycielom i Nieskończonej Boskiej Inteligencji za przekazywanie za moim pośrednictwem tej wiedzy, która jest potrzebna innym.